# Sprache und Lesen 2

# der die das

## Basisbuch

**Herausgegeben von**
Stefan Jeuk
Antje Sinemus
Krystyna Strozyk

**Erarbeitet von**
Gicell Arteaga Paspuel
Petra Dreßler-Quade
Maria Immig
Marlies Koenen
und
der Cornelsen Redaktion
Primarstufe



Cornelsen

# Inhaltsverzeichnis

## Kapitelaufbau

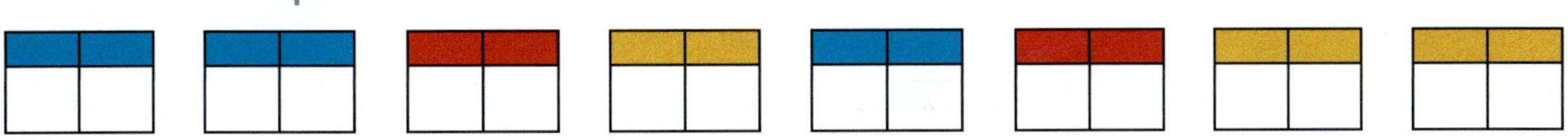

Einstiegsseite SPRACHE FÖRDERN | SPRACHE FÖRDERN | SPRACHE UNTERSUCHEN | LESEN / RICHTIG SCHREIBEN | SPRACHE FÖRDERN | SPRACHE UNTERSUCHEN | LESEN / RICHTIG SCHREIBEN | VORLESEN

alternativ in der 1. oder 2. Kapitelhälfte

# Unsere Schule – meine Klasse

● der Zoo

● der Zirkus

● der Bauernhof

● der Koffer

● der Rucksack

● die Postkarte

● die Muschel

● das Meer

*Was haben die Kinder aus den Ferien mitgebracht?* [Gegenstände auf dem Tuch]; *Wo waren sie in den Ferien? – (Emira) war in den Ferien (am Meer).* [s. Plakat]

der Urlaub, die Eintrittskarte, die Stadt, die Moschee, die Matroschka, die Reise, das Land, die Ferien, Marokko, Russland [! Ländernamen z. Tl. ohne Artikel]

Audio-CD: Track 38

● das Schaf

baden

besuchen

verreisen

packen

kalt

warm

► AH A, S. 4–5

russisch, sonnig, *nazar boncuğu* (nasar bondchuhu, türk.) – das blaue Auge zur Abwehr des bösen Blicks [Amulettanhänger vor Dilara auf der Decke]

Gesprächsregeln thematisieren (Gesprächsstein);
D *Wo warst **du** in den Ferien?*
*Was hast **du** in den Ferien gemacht?*
! verschiedene Präp. mit/ohne Artikel

Dialog: *Ich habe (diese / diesen / dieses …) mitgebracht. – Woher hast du sie / ihn / es? – Ich habe (sie) von / aus +* [! Dativ]; D freie Ergänzungssätze: *Ich weiß, was … auf …*

das Kärtchen, woher, schicken, englisch, polnisch, (die) kyrillische (Schrift); die Partnerarbeit

▸ AH A, S. 6–7

Ü Türk.: top – der Ball, kitap – das Buch;
Poln.: kula – der Ball;
Russ.: МЯЧ (mjatsch) – der Ball

Wörter aus 6 Sprachen sammeln: Sprachverwandtschaften; Klänge der Sprachen; artikellose Sprachen; kyrillische Schrift
D Sprachführer/Tondokumentation erstellen

1 Welche Sachen sind nur einmal da?
Wie oft sind die anderen Sachen da?

*Nomen* erkennen und benennen;
Behandlung von 4 Pluralklassen:
1. n-Plural: *die Muscheln, die (Eintritts)Karten, die (Taschen)Lampen, die Mützen*

die Feder, die Taschenlampe, das Schiff, der Zweig, einmal, wie oft; die Aufgabe

① Welche Karten passen zusammen?

② Schreibe die Nomen in eine Tabelle.

Diese Wörter sind Namen für Sachen:

● der Tisch – ○ die Tische

● die Karte – ○ die Karten

● das Auto – ○ die Autos.

Diese Namenwörter nennt man **Nomen**.
Nomen gibt es in der Einzahl und in der Mehrzahl.

▸ AH A, S. 8–11

Fachbegriffe: das Nomen (Namenwort), die Sache (= das Konkretum), die Einzahl, die Mehrzahl

2. e-Plural: *die Schafe, die Steine, die Schiffe, die Zweige;* **!** 3. e-Plural mit Umlaut: *die Bälle;* 4. s-Plural: *die Autos, die Fotos*
**D** weitere Nomen in die Tabelle schreiben

# In der Zirkusschule

Am Morgen gehen die Zirkuskinder
in die Zirkusschule.
Die Kinder warten im Wagen auf den Lehrer.

Was lernen die Kinder diesmal?
Lernen sie, Blumen aus dem Hut zu zaubern?
Lernen sie, das Zirkuszelt aufzubauen?
Lernen sie, auf dem Zebra zu reiten?

○ Leseerwartung aufbauen: Überschrift lesen; Erwartungen über Zirkusschulen formulieren; Fächerpiktogramme wiederholen; ● die Sätze im 2. Absatz dem richtigen Bild zuordnen

der Hut, der Zirkuswagen, das Zebra, das Zelt, das Einrad, warten, zaubern, aufbauen, reiten, rechnen, herunterfallen, am Nachmittag

Wiederholung der bisher eingeführten Buchstaben

Na klar!

Aber rechnen ,

schreiben 

und lesen 

lernen die Zirkuskinder genauso
wie die Kinder in deiner Schule.

Und was tun die Kinder
am Nachmittag?
Sie probieren, auf dem Seil zu laufen –
ohne herunterzufallen.

► AH A, S. 12–13

● Bild-Text-Zuordnung (S. 11): *Wem gelingt die Nachmittagsaufgabe?* [den drei Kindern Namen geben und Sätze dazu schreiben]; *Wie kann der Junge seine Angst überwinden?*

Meldekette: *Ich schlage vor, dass wir (in den Zoo / ins Theater) fahren. – Das finde ich gut / Das finde ich nicht gut, weil …;*
*Welche Gesprächsregel kennst du / ist neu?*

der Ausflug, das Theater, der Park, vorschlagen, richtig (= echt);
die (Gesprächs)regel, die Meldekette, das Poster

► AH A, S. 14–15

der Pinguin, die Schlange, die Giraffe, Afrika, giftig, ob

generativer Umgang mit einem Sprechmuster *(Ich sehe … / Ich denke … / Ich will … / Ich will wissen, ob …)*;
D Fragen zu Tieren sammeln und Forscheraufträge formulieren: *Ich will wissen, ob …*

# Der Klassenausflug

Am Freitag fährt die Klasse gemeinsam mit dem Bus in den Zoo.

Umut pfeift und schaut aus dem Fenster. Dann zählt er die Autos während der Fahrt.

Dilara hat zwei Äpfel. Einen Apfel isst sie gleich. Den anderen Apfel will sie für das Pferd aufheben.

○ Leseerwartung aufbauen: Überschrift lesen; über eigene Ausflüge sprechen
○ Texte absatzweise zum Bild lesen: *Wer macht was während der Fahrt?*

der Pfirsich, der Ärger, der (Obst)kern, der (Zoo)Eingang, das Pferd, die Rollstuhlrampe, die Fahrt, die Zahl, pfeifen, zählen, (jmdn.) ärgern, es gibt, schimpfen

▸ **nach** AH A, S. 16–21

Ä/ä | Pf/pf

Milan und Matteo essen Pfirsiche und sie ärgern die Mädchen.

Aber dann gibt es Ärger mit Frau Koch. Sie ist sauer und schimpft.

Umut zählt immer noch. Sein Kopf tut schon weh.

Die Fahrt dauert ewig. Umut zählt zweimal bis zur Zahl 100.

Endlich ist die Klasse im Zoo. Milan und Lisa wollen sofort zu den gefährlichen Tieren.

1 Schreibe auf, wie der Ausflug weitergeht.

sauer (verärgert) [! Homonyme], weh tun, gefährlich, während, ewig

● Sprachbetrachtung: Wortfamilien (Ableitungen) erkennen: *fährt – die Fahrt, zählt – die Zahl, der Apfel – die Äpfel;* D Text weiterschreiben: *Was erlebt die Klasse im Zoo?*

# Ein Haus am Meer

Es war einmal eine Schnecke,
die wollte ans Meer.
Sie packte ihre Badesachen und
machte sich auf den Weg.

Unterwegs traf sie einen Riesen.
„Was machst du da?“, fragte die Schnecke.
„Ich stricke mir dicke, weiche Socken,
damit meine Füße beim Gehen nicht so
einen Lärm machen“, sagte der Riese und
klapperte mit den Stricknadeln.

„Und was ist mit dir?“, fragte der Riese.
„Wohin geht die Reise?“
„Ich will ans Meer“, sagte die Schnecke.
„Das klingt gut“, sagte der Riese.
„Aber – wie lange wirst du unterwegs sein?“
„Ach, so drei Jahre“, sagte die Schnecke.
„Schneller wird's nicht gehen.“

Der Riese hörte zu klappern auf.
„Wenn du ein wenig auf mich warten willst –
ich könnte dich begleiten.
Mit mir würdest du dem Meer
mit Riesenschritten näher kommen.“

0. vor dem Vorlesen: wichtige Begriffe mithilfe der Bilder klären; 1. Fragen beim Lesen: *Wie lange braucht die Schnecke wohl ans Meer? Was strickt der Riese wohl?* usw.

der Riese, der Lärm, der Schritt, der Gipfel, der Maulwurfshügel, die Wolle, die Schnecke, das Dorf, die Badesachen, die Socken, die Stricknadeln

Die Schnecke dachte nach.
„Einverstanden", sagte sie und
schaute dem Riesen beim Stricken zu.
Dann war der Riese fertig.
Er schlüpfte in seine Socken und sagte:
„Es kann losgehen!"

Er nahm die Schnecke vorsichtig
in die Hand und dann gingen sie
mit Riesenschritten Richtung Süden.
Die Schnecke staunte.

Dörfer, Städte, Bäume und Berggipfel
flogen an ihnen vorbei.
Sie gingen mit einem Schritt in einen Wald
hinein und mit einem anderen Schritt
aus dem Wald heraus.
Sie stiegen über Berge, als wären sie
kleine Maulwurfshügel.

Nach 77 Schritten – die Schnecke hatte
genau mitgezählt – waren sie am Meer.

„Danke", sagte die Schnecke.
„Danke, dass du mich so schnell
ans Meer gebracht hast."

*Heinz Janisch*

sich wundern, stricken, klappern, begleiten, schlüpfen, staunen, steigen, dick, weich, nah, einverstanden, fertig, vorsichtig, unterwegs, hinein, heraus

2. Fragen nach dem Lesen: *Warum kommt die Schnecke so schnell ans Meer?* usw.
D Geschichte/Stationen der Reise als Leporello gestalten, Sätze dazu schreiben

# Ich und du

● der Spielplatz
○ die Spielplätze

● der Kletterturm
○ die Klettertürme

● der Torwart
○ die Torwarte

● der Freund
○ die Freunde

● die Freundin
○ die Freundinnen

● das Trikot
○ die Trikots

*Was mach(en Milan, Umut und Natalia)? – Sie spielen Fußball. Welche Kinder sind fröhlich / wütend? – (Timo) ist (wütend), (weil er sich über Mia ärgert).*

der Gameboy®, der Fallschirm, die Seilbahn, die Wippe, die Leine, das Fußballfeld, das Schild, das Klettergerüst, sich bedanken, klettern, schaukeln, verboten, danke, zuerst

Audio-CD: Track 39

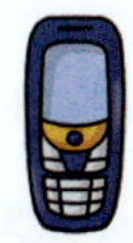

● das Handy
○ die Handys

sich streiten

helfen

jubeln

sich ärgern

fröhlich

wütend

► AH A, S. 24–25

D Schreibauftrag: *Was machst du in deiner Freizeit?* D *Was macht ihr mit eurer Freundin / eurem Freund am liebsten? Worüber freut / ärgert ihr euch?*

typische Konfliktsituationen besprechen; Gefühle äußern; Mimik der Kinder deuten: *Wie fühlt sich (Timo)?*; Streit-/Trost-/Versöhnungssätze formulieren; Szenen spielen

die Entschuldigung, (jmdn.) mögen, leid tun, sich entschuldigen, (sich) fühlen; (der Klassenrat)

**Emira will sich auch verabreden.**

sich treffen, sich verabreden, heute, hier

szenisches Spiel: sich telefonisch verabreden; Treffpunkte und Freizeitaktivitäten thematisieren; Dialoge für Emira und eigene Dialoge ausdenken, nachspielen und D aufschreiben

# Das bin ich

Mit unseren Plakaten lernen wir uns in der Klasse besser kennen.

**Das bin ich**

Name: Mia

Alter: 7

Meine Freunde:
Umut, Emira, Timo,
Momo und Natalia

Was ich mag:
Eulen und Papageien

Was ich nicht mag:
Feuer

Was ich kann:
Deutsch und Englisch

Lieblingsfarbe: pink

Lieblingszahl: 10

**Das bin ich**

Ich bin Umut.

Meine Freunde sind
Mia, Matteo und Timo.

Ich mag .

Ich mag keine .

Ich schreibe gern
Gedichte.

Das ist eine Kugel.
Die Kugel wird ein Hund.
Der Hund wird ein Auto.
Das Auto wird eine Blume.
Die Blume wird eine Kugel.
Das ist eine Kugel.

Ich kann Deutsch
und .

Meine Lieblingsfarben
sind  und .

○ diskontinuierliche Texte (Formulare) lesen: Bildern und Piktogrammen Informationen entnehmen (Zuordnung *Steckbrief–Sprechblase*); ● eigene Vorlieben artikulieren

der Papagei, der Regen, der Steckbrief, die Eule, die Lieblings(-farbe/-zahl *usw.*), die Spinne, das Alter, das Feuer, das Gedicht, Europa

Eu/eu

▸ **nach** AH A, S. 26–27

kennenlernen, mögen, deutsch

○ Tierlaute in verschiedenen Sprachen thematisieren; (мяу – mjau);
○ Schreiben nach Muster: eigene Steckbriefe gestalten, Kreisgedichte schreiben (vgl. S. 27)

Lieblingsgegenstände beschreiben; passende Adjektive zu den Gegenständen finden; Attribuierbarkeit als Kennzeichen des Nomens erkennen: *Das Nomen rückt immer nach hinten.*

► AH A, S. 28–29

lustig, saftig, frisch, neu

Possessivpronomen *mein / meine* verwenden; Struktur der Treppensätze erkennen; generatives Schreiben: eigene Treppensätze formulieren

## 1 Welche Karten passen zusammen?

Zuordnungsspiel *(Tier)familien;* Zusammenhang Artikel – natürliches Geschlecht; Wortschatzerweiterung; D Gattungsnamen finden: *Hengst, Stute, Fohlen – Pferd; …*

der Vater, der Hengst, der Hahn, der Stier, der Mensch, die Stute, die Kuh, die Henne, das Küken, das Kätzchen, das Fohlen, das Kalb, das Rind, das Huhn

## ① Erklärt das Knet-Gedicht.

Das ist eine Kugel.
Die Kugel wird ein Hund.
Der Hund wird ein Auto.
Das Auto wird eine Blume.
Die Blume wird eine Kugel.
Das ist eine Kugel.

② Schreibe die Wörter in eine Tabelle.

| | |
|---|---|
| die Kugel | eine Kugel |
| der Hund | ein Hund |
| | ein |

③ Schreibe selbst ein Knet-Gedicht.

Nomen haben **Artikel.**

● der ● die ● das sind Artikel.

● ein ● eine ● ein sind auch Artikel.

Nomen schreibst du groß: ● das Auto – ● ein Auto

► AH A, S. 30–33

Struktur des Kreisgedichts erkennen; Fachbegriffe: (bestimmter/unbestimmter) Artikel; Großschreibung von Nomen; D eigene *Knet-Gedichte* mündl. vorbereiten und aufschreiben

# Was mag Jule?

Jule ist ein Mädchen, das manche Dinge mag.

Quallen mag sie sehr,
weil sie glatt und glitschig sind.
Quallen malt sie gern,
weil sie nicht quadratisch sind.

Quatsch mag sie sehr,
weil sie gern lacht.
Quatsch macht sie oft,
weil sie oft gute Laune hat.

Quark mag sie sehr,
weil er gut schmeckt.
Quark isst sie gern,
weil sie ihn gern mag.

Aber Maja mag Jule nicht,
weil sie sie oft ärgert.

**!** *das Mädchen:* Differenz von natürlichem und grammatischem Geschlecht thematisieren
○ einem Text Informationen entnehmen: aufzählen, was Jule mag/nicht mag

der Quatsch, der Quark, der Jogurt, die Qualle, die (gute) Laune, das Judo, das Jo-Jo, schmecken, Handball spielen, glitschig, quadratisch, immer

Qu/qu | J/j

# Was mag Jule nicht?

Jule ist ein Mädchen, das nicht alles mag.

Judo mag sie nicht,
weil sie lieber Handball spielt.
Judo kann sie nicht,
weil sie es nicht mag.

Jo-Jos mag sie nicht,
weil sie langweilig sind.
Ein Jo-Jo hat sie nicht,
weil sie es nicht mag.

Jogurt mag sie nicht,
weil er zu weich ist.
Jogurt isst sie nicht,
weil sie ihn nicht mag.

Aber Quentin mag Jule,
weil er nett und freundlich ist.

▸ nach AH A, S. 34–39

● über den Aufbau des Textes sprechen: Platzierung der Pronomen/Subjekte, weil-Sätze …
○ Text als Schreibanlass verwenden: Vorlieben/Abneigungen formulieren

# Der Streit

Jan und Lars sind schon lange Freunde.
Einmal spielen sie auf der Wiese
am Bach Fußball. Lars steht im Tor.
Jan nimmt Anlauf und kickt.
Der Ball ist so schnell,
dass Lars ihn nicht halten kann.
Der Ball fliegt an ihm vorbei
und landet im Bach.

Jan und Lars rennen ans Ufer.
Aber sie sehen nur noch,
wie der Ball auf dem Wasser davontreibt.

„Mein schöner Ball", jammert Jan.
„Er ist noch ganz neu. Ich habe ihn
erst vor zwei Wochen bekommen."

„Pech, jetzt ist er fort", sagt Lars.
„Den kriegen wir nicht mehr."
Jan ist sauer. „Du hättest ihn ja
auch halten können", meint er.

„Na, du hast ihn doch selber
ins Wasser gekickt", sagt Lars.
„Ich will einen neuen Ball von dir",
verlangt Jan.
Lars tippt sich an die Stirn.
„Du spinnst ja."
Da trennen sie sich im Streit.

1. vor dem (Vor)Lesen: die Geschichte als Bildergeschichte erzählen; fantasieren, wie die Geschichte enden könnte;
2. beim Selbstlesen: Dialogstruktur besprechen

der Bach, der Anlauf, die Wiese, das Ufer, kicken, landen, davontreiben, jammern, bekommen, (Pech) haben, kriegen, halten, meinen, tippen, spinnen, verlangen

In den nächsten Tagen gehen sich
Jan und Lars aus dem Weg.
Wenn sie sich zufällig begegnen,
beachten sie sich gar nicht.

Nachmittags langweilt sich Jan.
Nicht einmal das Fernsehen macht Spaß.
Gar nichts macht mehr Spaß.
Dauernd muss Jan an Lars
und an den Streit denken.

„Willst du dich nicht mal
wieder mit Lars treffen?",
fragt Mama eines Mittags.
„Hm", brummt Jan.
Aber er zieht seinen Anorak an.

Da läutet es.
Vor der Tür steht Lars.
Er hat einen Fußball in der Hand und strahlt.
„Ich habe das ganze Bachufer abgesucht.
Hier ist dein Ball wieder."

„Danke", sagt Jan.
Und dann strahlt auch er.

„Und – was ist?", fragt Lars.
„Wollen wir Fußball spielen?"
„Klar", ruft Jan.
„Aber diesmal geh ich ins Tor!"

*Marliese Arold*

aus dem Weg gehen, sich trennen, sich begegnen, sich beachten, brummen, läuten, strahlen (lächeln), absuchen, neu, fort (sein), böse, lange, dauernd, diesmal

3. texterschließende Fragen: *Warum streiten sich Jan und Lars? / Wie vertragen sie sich wieder?* usw.
4. Freundschaft thematisieren

● der Hausmeister
○ die Hausmeister

● der Polizist
○ die Polizisten

● der Bus
○ die Busse

● der Verkehr

● der Unfall
○ die Unfälle

● der Fahrradhelm
○ die Fahrradhelme

● die Putzkraft
○ die Putzkräfte

*Wer ist das? – Das ist (der Hausmeister). Was macht (Momo)? – (Momo/Er interviewt die Putzkraft.);* besprechen, wie Interviews gemacht und dokumentiert werden können

der Fragebogen, der (Wisch)Mopp, der Hammer, der Müllmann, der Briefträger/der Postbote, der Radfahrer, die Busfahrerin

Audio-CD Track 40

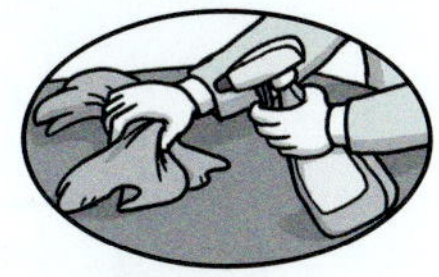
putzen

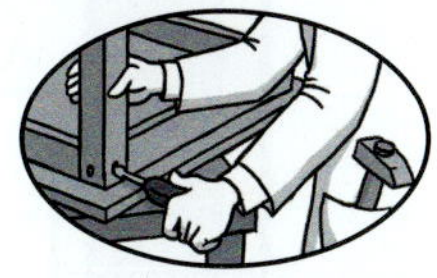
reparieren

telefonieren

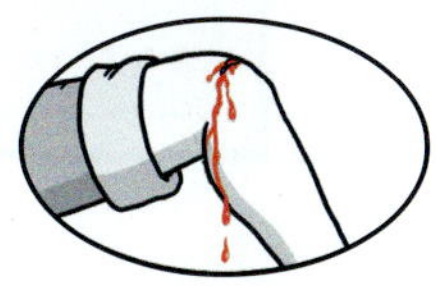
bluten

weinen

verletzt

kaputt

die Aufgabe, die Bohrmaschine, die Hecke, das Interview, das Fahrradtraining, das Klemmbrett, interviewen, heißen, jmdn. umfahren, aufmalen

D in der Schule/außerhalb eigene Interviews zu Berufen durchführen (und präsentieren); *Was ist mit Emira passiert?* [Vorgeschichte und Fortsetzung auf S. 38–41]

# Berufe raten

Beruferaten mit Umschreibungen:
*Ich brauche … Ich (mache) … Wer bin ich? – Du bist (der Koch).* [! männl./weibl. Berufsbezeichnung; Putzkraft – geschlechtsneutral]

der Arzt/die Ärztin, der/die Frisör/-in, der/die Feuerwehrmann/-frau, der/die Kranführer/-in, der Rektor, der Arztkoffer, der/die Verkäufer/-in

► AH A, S. 42–43

der Fön, der Kamm, die Polizistin, die Köchin, die Kasse, die Pantomime, das Feuerwehrauto, arbeiten, leiten, kochen, (um)rühren, löschen, fönen, verkaufen

Beruferaten mit Pantomime (Pinnwand und Gegenstände einbeziehen [! Beruf/Name *Koch*]); D Mitarbeiter der eigenen Schule/andere Berufe (mit Plakaten) vorstellen

1 Was machen Emira und Timo?

2 Schreibe die Nomen so auf wie Umut.

Nomen sind Namen für
Menschen, Sachen, Tiere und Pflanzen.

| Menschen | Sachen | Tiere | Pflanzen |
|---|---|---|---|
| die Lehrerin | das Auto | der Löwe | die Blume |

Nomen haben Artikel.
Nomen gibt es in der Einzahl und in der Mehrzahl.
Nomen schreibst du groß: ● das Auto

Nomen erkennen (Erweiterung der Definition: inhaltliche Bestimmung der Konkreta nach Sammelbegriffen); Wiederholung: Großschreibung der Nomen

der Mensch, der Kaktus, die Bürste, die Tulpe(n), ordnen/sortieren, großschreiben

▸ AH A, S. 44–45

Schreibauftrag zur Sortierung der im Bild gezeigten Nomen; D Auflistung um weitere selbst gefundene Nomen erweitern

# Verschlafen

Emira schläft noch.
Im Traum fliegt sie mit einem großen
und einem kleinen Vampir um die Wette.
Ein Vampir heißt Otto, der andere Vampir
heißt Hildegard. Zum Glück beißen
die beiden Vampire nicht.

Da kommt Emiras Vater ins Zimmer.
Er ruft: „Raus aus dem Bett.
Alle anderen Kinder
sind schon in der Schule!"

Emira ist auf einmal ganz wach.
Sie schaut auf die Uhr.
Sie hat wirklich verschlafen!
So schnell ist Emira noch
nie aufgestanden.

Während sie ihre Sachen anzieht,
holt der Vater ein volles Glas
mit Vitaminsaft und ein Brot für Emira.

○ Leseerwartung zur Überschrift thematisieren, ggf. auf die Einstiegsszene (S. 33) beziehen
○ Text absatzweise lesen/Bilder besprechen
● über Verhalten am Zebrastreifen sprechen

der Vampir, der Vitaminsaft, der Krankenwagen, der Verband, beißen, verschlafen, losgehen, angebraust kommen, wach, voll,

▸ nach AH A, S. 46–49

V/v | ß

Dann saust sie los. Vorher nimmt sie
noch schnell ihre Schultasche mit.
Emiras Vater ruft ihr hinterher:
„Sei vorsichtig!“
Aber Emira ist schon verschwunden.

Draußen ist viel Verkehr.
Emira bleibt stehen. Das Auto hält an.
Nun darf sie losgehen.
Da kommt ein Radfahrer
mit einem weißen Helm angebraust.

1 Erzähle, wie die Geschichte weitergeht.
Die Bilder helfen dir.

Der Radfahrer passt nicht auf.
Er fährt Emira um.

Eine Frau hilft Emira.
Sie wählt 112.

Emira liegt im Bett. Sie hat
einen Verband um das Bein.

Emira blutet am Bein.
Sie weint.

2 Wie geht die Geschichte weiter? Schreibe es auf.

vorsichtig, verschwunden, (he)raus, wirklich, vor, vorher, viel, um die Wette (fliegen)

○ Fortsetzung der Geschichte mündl. vorbereiten und mithilfe der Textkästen aufschreiben
● über das Verhalten der Figuren sprechen: *Wie hätte man den Unfall vermeiden können?*

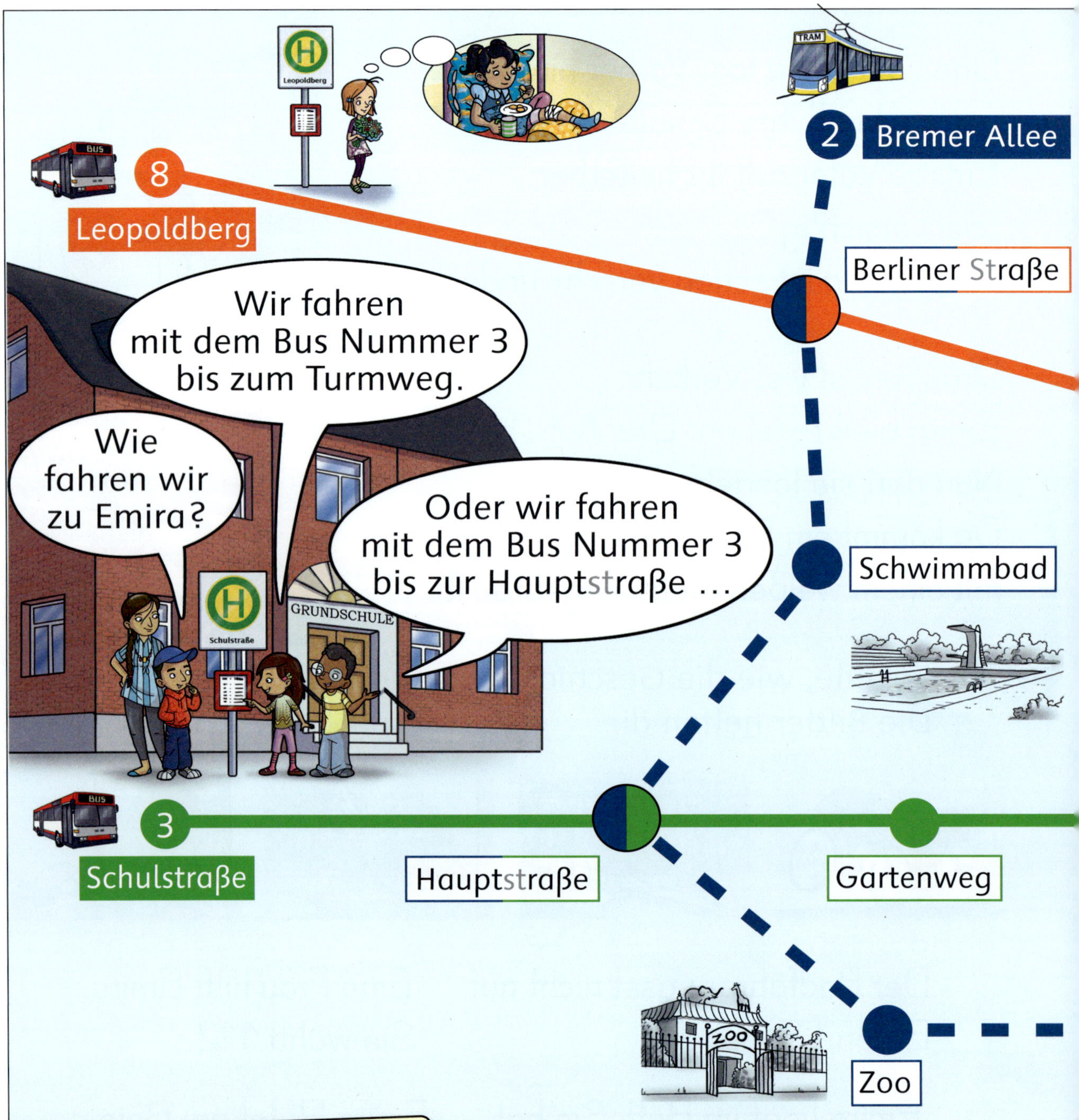


Mia will mit ihrer Schwester ins Schwimmbad.
Wie kann sie fahren?

Fahre vom Leopoldberg zum Rathaus. Wie fährst du?
Wie kannst du noch fahren?

im Streckennetz orientieren (Ziele der Buchfiguren/eigene Ziele): *Wie kann (Mia) fahren?/ Wie fährst du (zum Zoo)?* usw.; Legende, Ortsnamen, Wegalternativen besprechen

der Weg, der Platz, der Fahrplan,
der Bahnhof, die Tram/die Straßenbahn,
die Station, die (Verkehrs)Linie,
die (Linie) Nummer X, die Strecke

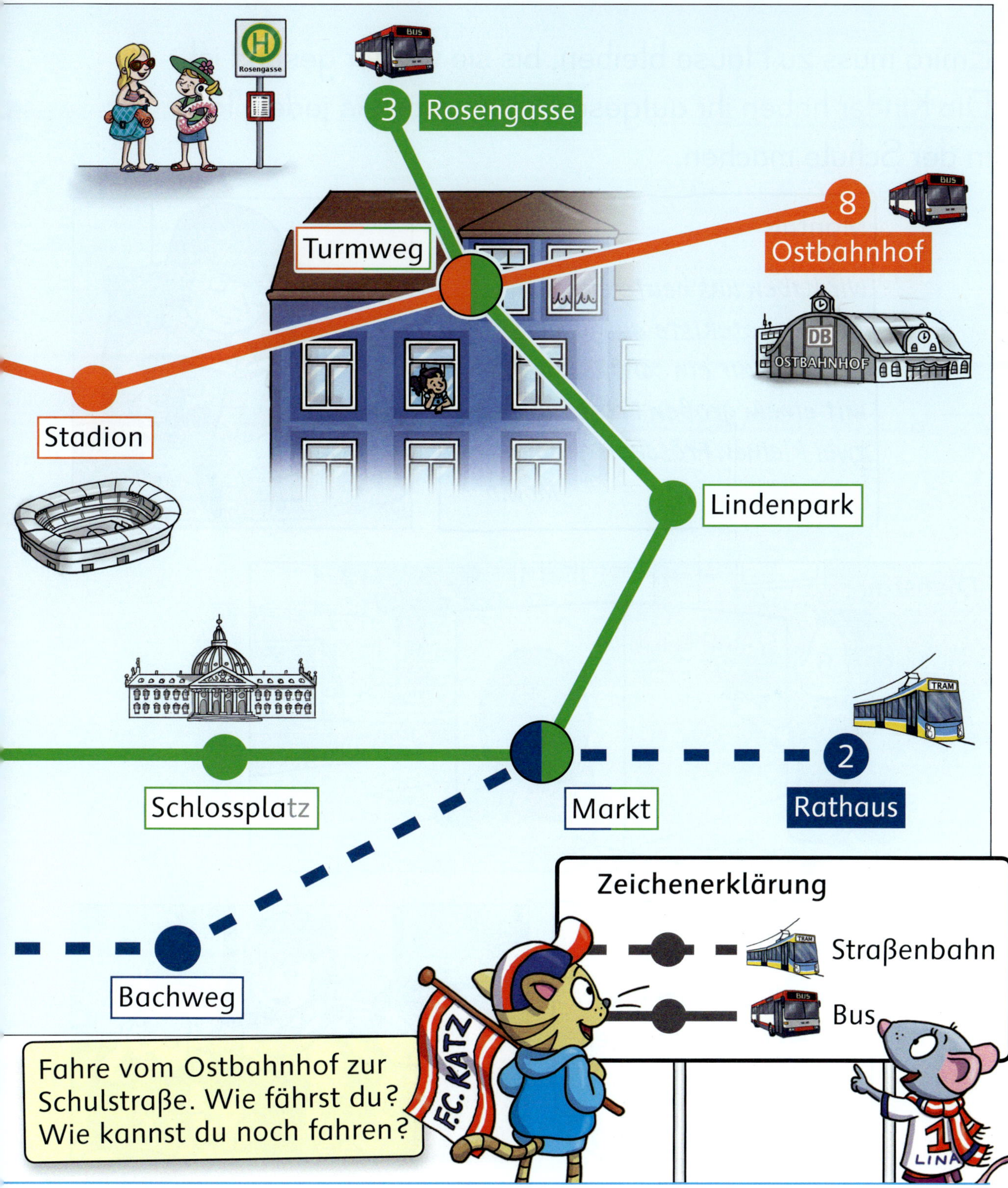


Fahre vom Ostbahnhof zur Schulstraße. Wie fährst du? Wie kannst du noch fahren?

▸ AH A, S. 50–51

die Zeichenerklärung, das Rathaus, das Schloss, das Stadion, umsteigen, nehmen (= fahren mit), kurz/kürzeste(n), schnell/am schnellsten, lang/am längsten

D Seite als Spielplan verwenden (Aufgabenkärtchen, Spielfiguren); eigene Wegaufgaben stellen; Ausgangs-/Zielpunkte zuvor mit Präp. sammeln; D eigenes Verkehrsnetz besprechen

Emira muss zu Hause bleiben, bis sie wieder gesund ist.
Die Kinder haben ihr aufgeschrieben, was sie jeden Tag in der Schule machen.

Montag

*Wir haben uns heute ein Buch aus der Lesekiste ausgesucht. Ich habe mir ein schönes Buch mit einem großen Frosch und zwei kleinen Fröschen genommen.*

*Momo*

Mittwoch

Momo hat Mia im Bus an den Zöpfen gezogen. Das ist blöd.

Dilara

○ Text-Bild-Bezug herstellen
● Schultagebuch als Textform besprechen (Gliederung nach Wochentagen, Erlebnisbericht, Erzähltempus)

der König, die Königin, die Lesekiste, die Fahrradkette, das Öl, das Märchen, das Dornröschen, das Tagebuch, die Zöpfe, aussuchen, ölen, tropfen, tanzen

▸ **nach** AH A, S. 52–55

Ö/ö

Donnerstag

Wir haben in der Turnhalle
das Märchen von Dornröschen
getanzt.
Umut war der König.
Lisa war die Königin.
Natalia war Dornröschen.

Milan

Freitag

Herr Demir hat uns eine Flasche
mit Öl gegeben.
Mit dem Öl haben wir
die Fahrradkette geölt.
Öl ist auf meine Hose getropft.
Egal.

Umut

1. Was hat Matteo am Dienstag gemacht?
   Schreibe es auf.
   Du kannst dazu auch den Computer benutzen.

2. Schreibt selbst ein Klassen-Tagebuch.

▸ AH A, S. 56–57

(an etwas) ziehen, blöd, bisschen, egal

- Dienstagsereignis erst mündl. beschreiben, dann aufschreiben (ggf. dabei den Computer verwenden, vgl. S. 149)
- eigene Klassentagebucheinträge schreiben

# Monsterwetter

Der neue Lehrer kam an einem Regentag.
Um acht ging die Tür auf und herein kamen
der Herr Direktor und ein kleiner, dünner Mann
mit einem freundlichen Lächeln.

„Tag, Kinder!", sagte der Direktor.
„Das ist Herr Ungeheuer, euer neuer Lehrer."
Alle kicherten. Der kleine Herr Ungeheuer
setzte sich mit rotem Kopf hinter das Pult.
„Dass es heute regnen muss!", seufzte er
und betastete besorgt seine Nase.

„Was ist daran denn so schlimm?",
fragte der freche Fred.
„Hier regnet's doch dauernd."
Herr Ungeheuer riss entsetzt die Augen auf.
„Oje, das ist ja ganz furchtbar!"
Im selben Moment begann seine Nase
sich zu strecken. Sie wurde länger und länger.

Herrn Ungeheuers kleine Ohren
wurden groß wie Papiertüten.
Und dann verfärbte sich
der ganze neue Lehrer giftgrün.

„Ich habe es ja gewusst, aber dass es
ausgerechnet jetzt sein muss!",
rief er mit seiner leisen Stimme.
„Ach, es tut mir furchtbar leid. Achtung!"

Warnend hob er einen giftgrünen Finger,
denn nun begann er zu wachsen.

1. Illustration zur Unterstützung des Hör-Verstehens/Lesens thematisieren
2. Vorlesen unterbrechen: anhand des großen Bildes (S. 45) über Fortsetzung spekulieren

der Direktor, der Luftballon, die Stimme, die Tatze, das Wetter, das Pult, das Ungeheuer, das Schuljahr, kichern, seufzen, betasten, aufreißen, wachsen

Der neue Lehrer wurde größer und größer, bis er wie ein gewaltiger grüner Luftballon die halbe Klasse füllte.

„Ooooh!“, stöhnte die ganze zweite Klasse.
„Wahnsinn!“, hauchte der freche Fred.
Das große grüne Monster lächelte freundlich und sagte: „Keine Sorge, Kinder! Das passiert mir wirklich nur bei Regenwetter!“

„Was ist denn bei Ihnen für ein Lärm?“, dröhnte die Stimme des Direktors von draußen. Aber Herrn Ungeheuers Tatze drückte gegen die Tür, und so sehr der Direktor auch rüttelte, er kam nicht herein.

Da fiel plötzlich ein Sonnenstrahl auf Herrn Ungeheuers grüne Monsternase und aus dem riesigen Monster wurde wieder der kleine neue Lehrer. Und der Herr Direktor plumpste durch die plötzlich offene Tür in die Klasse.

Die Kinder der zweiten Klasse blickten entzückt auf ihren neuen Lehrer – und wünschten sich nichts auf der Welt so sehr wie ein verregnetes Schuljahr.

*Cornelia Funke*

stöhnen, hauchen, passieren, dröhnen, plumpsen, dünn, besorgt, schlimm, frech, entsetzt, furchtbar, gewaltig, warnend, halb, offen, entzückt, verregnet

3. über die Überschrift sprechen
4. *Warum wünschen sich die Kinder ein verregnetes Schuljahr?*

D *Ist der Lehrer ein richtiges Monster?*

# Das kann ich schon

10 9 8 7 6 5 4 3 2 1 0

**Wiederholung des eingeführten Wortschatzes in Partnerarbeit**
Spielmaterial: 1 Farbwürfel, 1 Augenwürfel, 2 Spielsteine, 2 Büro- oder Wäscheklammern (oder 2 weitere Spielsteine)

**Spieler 1** würfelt mit beiden Würfeln, setzt seinen Spielstein auf das gewürfelte Feld und nennt das Wort.
**Spieler 2** kontrolliert, falls nötig auf den betreffenden Kapitelseiten (ggf. unter Zuhilfenahme eines zweiten Buches).

10
9
8
7
6
5
4
3
2
1
0

**Spieler 1** darf bei richtiger Antwort auf seiner Zielleiste – am rechten bzw. linken Seitenrand – ein Feld vorrücken (Markierung auf der Zielleiste: ***Spielstein*** <u>neben</u> dem Buch vorrücken oder ***Klammer*** <u>an der Seite</u> befestigen und verschieben).

Nun ist **Spieler 2** an der Reihe. Wer auf ein Sternfeld kommt, darf – ohne zu sprechen – ein Feld auf der Zielleiste vorrücken.

# Bei mir zu Hause

● der Kühlschrank
○ die Kühlschränke

● der Staubsauger
○ die Staubsauger

● der Backofen
○ die Backöfen

● der Teig

● die Spüle

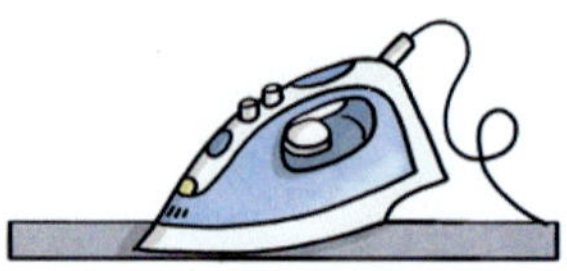

● das Bügeleisen
○ die Bügeleisen

● das Geschirr

*Was macht (Timo)? Timo sticht Kekse aus.*
❗ *abgetrennte Vorsilbe / Verbklammer*
*Wo ist (die Milch)?*
*– (Die Milch) ist (auf dem Tisch).*

der Küchenschrank, der Schlüssel, der Wäschekorb, der Keks, die Butter, die Teigrolle, das Backblech, das Kehrblech, das Putztuch, das Geschirrtuch

► Audio-CD: Track 41

spülen

abtrocknen

Staub saugen

bügeln

nass

sauber

schmutzig

▸ AH A, S. 60–61

das Bügelbrett, das Salz, das Altpapier, backen, ausrollen, ausstechen

D *Wohin gehört (die Milch)?*
*– (Die Milch) gehört (in den Kühlschrank).*
müssen/dürfen: *Timo darf helfen.*
*Der Vater muss/darf abtrocknen.*

*Was darf/muss (Timo)?*
*– (Timo) darf (am Freitag lange aufbleiben).*
Ergänzung im Dativ: *mit Papa/mit meiner Schwester …*

die Waschanlage, das (Brett)Spiel *Kalaha*, aufbleiben, üben, (Auto) waschen, springen

► AH A, S. 62–63

der Kinderstuhl, die Mülltüte, das Plüschtier, die Fingernägel, lackieren, einkaufen, füttern, (Zähne) putzen, auf (jmdn.) aufpassen

*Was darf/muss (Emira)? – (Emira) darf (mit ihrem Onkel das Skateboard reparieren).*
D Was dürft ihr?/Was müsst ihr zu Hause?
D eigene Darf- und Muss-Sätze schreiben

# Was ist bloß in der Küche los?

Mama hat Timos Kekse in eine Dose gelegt.
Aber überall ist der süße Duft von Keksen:
in der Küche, im Wohnzimmer,
im Flur und sogar in Timos Zimmer.

Timo wacht auf.
Er schleicht aus seinem Zimmer
durch den Flur, am Wohnzimmer vorbei
in die Küche.

Die grüne Dose mit den Keksen
ist oben auf dem Küchenregal.

Timo überlegt.
Dann holt er eine Kiste.
Aber die Kiste ist zu klein.

Timo holt eine Leiter.
Aber die Leiter klappert laut.

Timo klettert auf den Stuhl.
Dann klettert er auf den Tisch.
Endlich kommt er an die Dose heran!

- Text lesen, z. B. abschnittweise mit Partner
- Titelfrage beantworten
- generatives Sprechen: *Was könnte Timo noch holen, um an die Kekse zu kommen?*

der Duft, schleichen, knallen, aufheben, süß

Ü/ü

Timo hebt die Dose hoch.
Aber die Dose ist schwer.
Sie fällt auf den Boden.
Das knallt!

Da wird auch schon
die Küchentür aufgerissen!

1 Was sagen Papa, Mama und Oma?
Schreibe es auf.

Papa lacht und sagt:

Mama ruft:

Oma hebt die Dose auf und sagt:

▸ nach AH A, S. 64–65

○ Schluss-Situation szenisch spielen
● wörtliche Reden erst mündl. formulieren
D *Was antwortet Timo?*; ggf. Dialog spielen oder schreiben lassen

*Was will Timo einkaufen?*
*Wo bekommt er was? – Die (Tomaten) bekommt Timo am (Stand für Gemüse).*
*Was gibt es noch auf dem Markt?*

der Stand, der Euro, der Kuchen, der Blumenkohl, der Knoblauch, der Schinken, der Spinat, der Stoff, die Brezel, die Kartoffel, die Salami

die Scheibe, die Schachtel, die Tüte, das Gemüse, das Obst, das Fladenbrot, das Fleisch, das Stück, das Glas, kosten, brauchen, einpacken, bezahlen, abwiegen

Dialogkarten: Kaufgespräche führen;
D eigene Einkaufszettel schreiben;
mit Partner Kaufgespräche führen;
Rechengeschichten ausdenken

1 Lies die vier Wörter vor.

2 Welches Wort passt zu welchem Bild?

auf | schreiben

vor

an

ab

auf | schreiben

3 Kennst du noch andere Wörter,
die du mit Wortbausteinen verändern kannst?

Mit **Wortbausteinen** kannst du Wörter bilden.
schreiben – aufschreiben – abschreiben

Mit vorangestellten Wortbausteinen die Bedeutung von Verben verändern, über die Bedeutungsveränderung sprechen, die Verben den Bildern zuordnen

der Wortbaustein, das Puzzle(teil), voranstellen, zusammensetzen, aufschreiben, anschreiben, abschreiben, vorschreiben

## 1 Lies die drei Satz-Paare.
Welches Bild gehört zu welchem Satz?

Timo darf Tomaten ein kaufen.

Timo kauft Tomaten ein.

Mia muss das Zimmer auf räumen.

Mia räumt das Zimmer auf.

Momo will Umut an rufen.

Momo ruft Umut an.

## 2 Schreibe zu jedem Bild ein Satz-Paar auf.

an schalten

aus suchen

auf heben

an ziehen

► AH A, S. 66–69

aussuchen, aufheben (hochheben)

trennbare Verben/Verbklammer: Paarsätze lesen und den Bildern zuordnen; zu Bildern mündlich eigene Sätze nach vorgegebenem Muster formulieren und aufschreiben

# Anstellen!

Timo [ ¿ ] vor dem Käsestand.
Eine Frau tippt Timo an.
Sie sagt: „Du musst dich hinten anstellen!“
Timo geht an das Ende der Reihe.

steht
schläft

Ein Mann mit einer [ ¿ ] kommt.
Er sagt: „Ich habe nicht viel Zeit!“
Und er stellt sich vor Timo.
Timo sagt nichts.

Sporttasche
Milchflasche

Eine Frau mit einem Kinderwagen kommt.
Sie sagt: „Ich brauche nur ein bisschen Käse!“
Und sie [ ¿ ] sich vor Timo.
Timo sagt nichts.

stellt
legt

○ sinnverstehend/antizipierend lesen: dabei Begriffe vom rechten Textrand passend auswählen und in den Lesefluss einfügen; ○ aufzählen, wer vor Timo bedient wird

der Kinderwagen, der Stock, der Lippenstift, die Reihe, die Sporttasche, die Tüte, die Dame, die Wut, das Ende, antippen, sich (an)stellen, stehen, Zeit haben, vorn

St/st Sp/sp

Eine Dame mit einem [ ? ] und einem Lippenstift kommt.
Sie sagt: „Kinder können warten!“
Und sie stellt sich vor Timo. Timo wird rot vor Wut.

Spiegel

Storch

Da kommt der Verkäufer hinter seinem [ ? ] hervor
und sagt: „Du hast lange genug gewartet.
Komm bitte nach vorn! Jetzt bist du an der Reihe!“

Stand

Baum

1 Lies die Geschichte. Setze dabei die richtigen Wörter ein.

2 Schau dir die beiden Bilder mit dem roten Rahmen an.
Suche ein Bild aus und schreibe, was noch geschieht.

▸ **nach** AH A, S. 70–75

○ Geschichte nach dem vorgegebenen Muster mithilfe der beiden Illustrationen (mündlich oder schriftlich) ergänzen;
● über Timos Erlebnis sprechen

# Marmelade, Schokolade

Marmelade,
Schokolade
kaufen Sie bei mir!
Groben Zucker,
feinen Zucker,
alles gibt es hier!

Weiße Knöpfe,
schwarze Knöpfe,
Bänder für die Schuh',
Garn und Faden,
gibt's im Laden,
greifen Sie nur zu!

Vogelfutter,
Markenbutter,
Mehl und Fett und Grieß,
große Gurken,
kleine Gurken,
sauer oder süß!

1. vorlesen, die Waren im Bild wiederfinden
2. als „Marktgeschrei" inszenieren: Textzeilen verteilen, aus verschiedenen Richtungen rufen (Stimmlage/Ausdruck variieren)

der Knopf, der Laden, der Faden, der Grieß, die Marmelade, die Markenbutter, die Seife, das Garn, das Vogelfutter, das Fett, Ata®, Persil®

Tag, Herr Seemann!
Tag, Frau Lehmann!
Womit kann ich dienen?
Meine Eier
sind nicht teuer,
die empfehl' ich Ihnen!

Grüne Seife,
gelbe Seife,
Ata und Persil!
Kommen Sie und kaufen Sie!
Es kostet gar nicht viel.

*James Krüss*

1 Wo findest du die Dinge aus dem Gedicht im Bild?

zugreifen, (mit etwas) dienen, etwas empfehlen, grob, fein, sauer, teuer

3. generativ: markierte Begriffe gegen andere Dinge austauschen *(Marmelade, Schokolade – grüne Äpfel, gelbe Äpfel …)*; D auswendig Vortragen: Requisiten als Erinnerungshilfe nutzen

# Ich stelle mir vor

● der König
○ die Könige

● der Zauberer
○ die Zauberer

● der Zwerg
○ die Zwerge

● der Prinz
○ die Prinzen

● der Drache
○ die Drachen

● die Kutsche
○ die Kutschen

● die Prinzessin
○ die Prinzessinnen

**vor** Kapiteleinstieg: Vorlesen der Märchen *Dornröschen; Grille, der Wahrsager (S. 74/75); Das Töpfchen (s. AH A, S. 78/79)*
*Was für ein Fest/wo wird gefeiert?*

der Froschkönig, der Käfig, der Ritter, der Gestiefelte Kater, der Sultan, der Brunnen, der Stall, der Turm, die Fee, die Kutsche, die Märchenfigur

► Audio-CD: Track 42

● die Hexe
○ die Hexen

● das Schloss
○ die Schlösser

● das Märchenbuch
○ die Märchenbücher

kämpfen

zaubern

gut

böse

▸ AH A, S. 78–79

das Märchen, das Schneewittchen, das Töpfchen, Hänsel und Gretel, Aladin, Grille, Rapunzel

*Wer kommt zum Fest? / Wie heißen die Figuren?*
*Wer könnte noch kommen?*
*Was wisst ihr über die Figuren?*
*Was könnten die Figuren auf dem Fest tun?*

Da kam die böse Fee herein,
Fee herein, Fee herein.
Da kam die böse Fee herein
und verwünschte sie.

Und als sie fünfzehn Jahre war,
Jahre war, Jahre war.
Und als sie fünfzehn Jahre war,
ging sie in den Turm.

Dornröschen mit Kamishibai als Singspiel aufführen; Varianten: als Tanzspiel aufführen/ Nacherzählung mit Bildkarten
D weitere Kamishibai-Märchen gestalten

der Königssohn, die Spindel, die Hochzeit, das Fest, ausmalen, hereinkommen, verwünschen, sich stechen, riesengroß, rings um

Audio-CD: Track 20/21

Sie stach sich an der Spindel dort,
Spindel dort, Spindel dort.
Sie stach sich an der Spindel dort
und schlief nun ein.

Da wuchs die Hecke riesengroß,
riesengroß, riesengroß.
Da wuchs die Hecke riesengroß
rings um das Schloss.

Da kam ein junger Königssohn,
Königssohn, Königssohn.
Da kam ein junger Königssohn
und küsste sie.

Dornröschen wachte wieder auf,
wieder auf, wieder auf.
Dornröschen wachte wieder auf
und alle mit ihr.

Sie feierten ein großes Fest,
großes Fest, großes Fest.
Sie feierten ein großes Fest,
ein Hochzeitsfest.

das Kamishibai [japanisches Papiertheater],
das Singspiel

Einführung des Präteritums anhand regelmäßiger Verben (*verwünschte, küsste …*) und unregelmäßiger Verben (*war, kam, ging …*), ! die besonders geübt werden müssen

# Die kleine Hexe Yva in Not

Das ist Yva, die kleine Hexe.
Ihre Hexenmama ist zum Märchenfest
im Dornröschen-Schloss geflogen.
Nun muss Yva auf ihre
kleine Schwester Amy aufpassen.

Kaum ist die Hexenmama weggeflogen,
fängt Amy an zu weinen.
Yva ist verzweifelt.

① Was kann Yva nun tun? Überlegt gemeinsam.

Yva gibt Amy verhexten Krötensaft.
Aber Amy weint weiter.

Yva macht Faxen wie ein Clown.
Aber Amy weint weiter.

Yva liest ihr aus einem Comic vor.
Aber Amy weint weiter.

Dann hat Yva eine tolle Idee!

○ Vorerwartung aktivieren: Ideen sammeln, was Yva tun kann, um die Schwester zu trösten
○ generativ: Zweizeiler ausdenken, was Yva tut: … *Aber Amy weint weiter.*

der Krötensaft, der Clown, der Comic, der Zauberstab, das Märchenfest, die Seite, die Faxen, in Not sein, überlegen, hexen, verzweifelt, verhext

▸ **nach** AH A, S. 80–84

X/x | Y/y | C/c

Sie holt den Zauberstab und das Hexenbuch der Mutter aus dem Schrank.

Yva schlägt eine Seite auf, hext und dann ...?

(2) Schreibe auf, was Yva gemacht hat.

▸ zum Abc AH B, S. 85–87

der Dino, der Fisch, der Jaguar, der Otter, der Papagei, der Seehund, der Uhu, der Wal, der Boxer, der Yak, das Chamäleon, das Kamel, das Nashorn, das Reh

- *Was hätte Yva noch hexen können?* alternatives Ende erzählen/aufschreiben
- Tier-Abc im Hexenbuch besprechen;
- eigene Abc's ausdenken (Namen-Abc ...)

Einführung der Substantivkomposita: Erklärung durch Relativsätze; ! Artikel von Kompositum, Grundwort und Relativpronomen sind gleich

der Spritzer, der Brei, der Becher, der Schleim, der Sirup, der Krake, der Wurm, der Käfer, der Kessel, der Liter, die Kröte, die Kelle

die Messerspitze, die Paste, die Spinnwebe, das Pulver

nach dem Muster in den Sprechblasen auch mit anderen „Hexenwörtern" Relativsätze bilden;
D Komposita erfinden und als Rätsel erfragen;
Zaubersprüche ausdenken

## 1 Was fällt dir auf? Achte auf die Artikel.

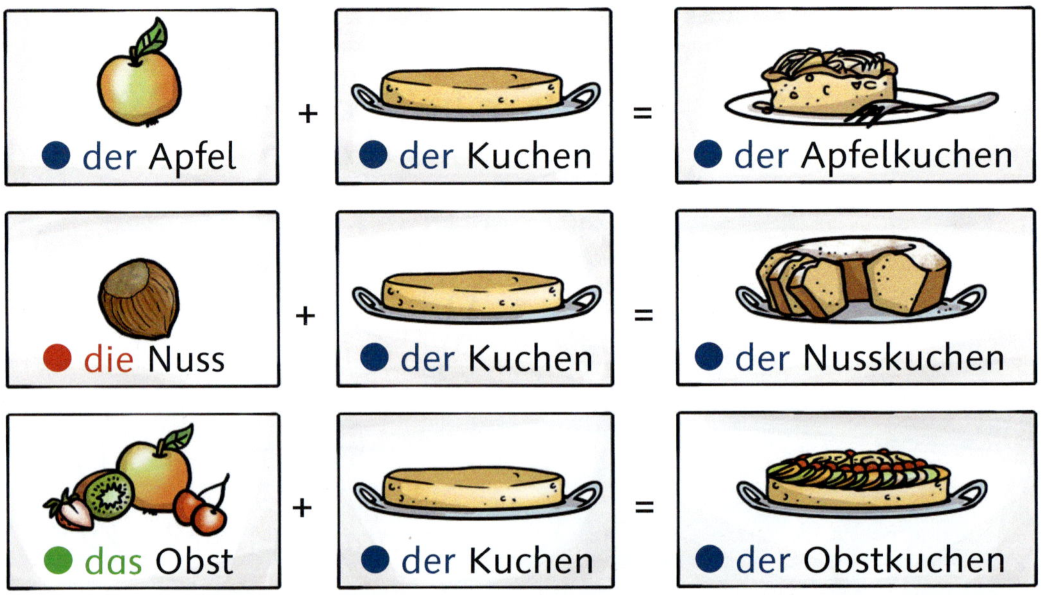


## 2 Bilde aus zwei Nomen ein neues Nomen.

Schreibe so: die Hand + das Tuch = das Handtuch

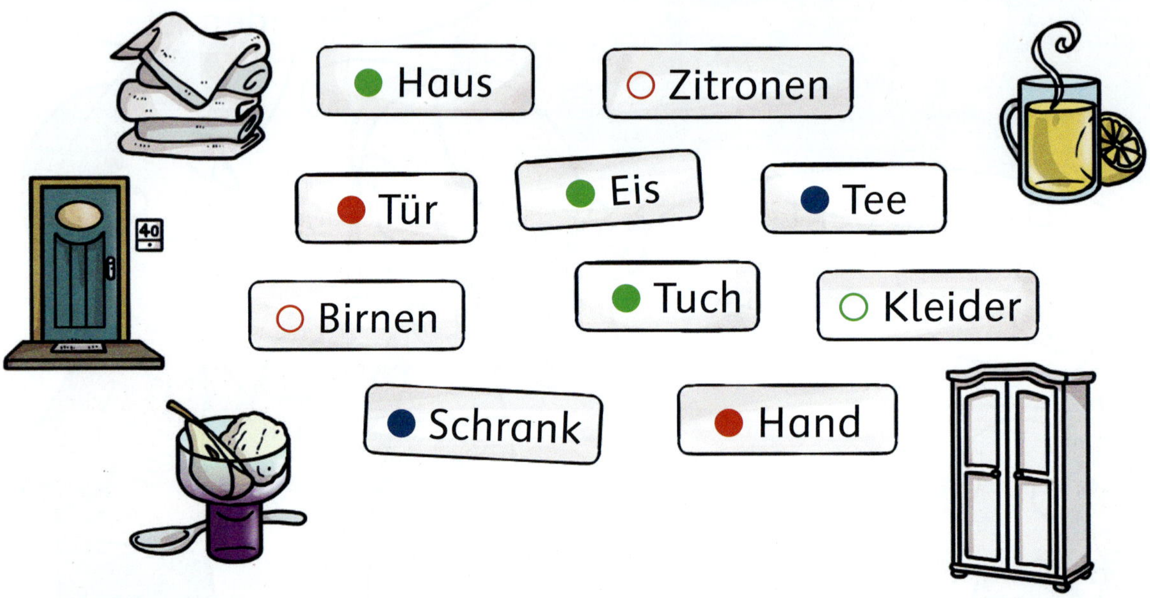


Komposita: Grundwort bestimmt den Artikel;
D *Welche Kuchen kennst du noch? / Welche Nomen kannst du noch zusammensetzen?*
D *Bilde „Riesenwörter": die Kleiderschranktür …*

die Zitrone, das Eis, die Kleider

① Zerlege die zusammengesetzten Nomen.
Schreibe so: die Wasserflasche = das Wasser + die Flasche

● Wasserflasche ● Sahnepudding ● Tischdecke

● Hausschuh ● Märchenschloss ● Eistee

● Froschkönig ● Schlosstür ● Teetasse

② Löse die Rätsel. Schreibe die Lösungen so auf:
1. die Zahnbürste, …

1. Die Bürste, die die Zähne putzt, ist … .

2. Die Ferien, die im Sommer sind, sind … .

3. Die Tür, die aus Holz ist, ist … .

4. Der Hund, der für die Polizei arbeitet, ist … .

5. Der Salat, der aus Tomaten ist, ist … .

Nomen kannst du zusammensetzen:
die Nuss + der Kuchen = der Nusskuchen.

▸ AH A, S. 88–89

der Pudding, die Sahne, die Tischdecke, das Rätsel, das Handtuch, das Holz, zerlegen

Komposita zerlegen; ! Genus beachten; Funktion von Komposita: differenziertes Beschreiben; D eigene Rätselsätze schreiben und lösen lassen

# Nachmittags im Märchenwald

Die Figuren aus dem Märchenwald
haben einen Nachmittag lang frei,
bevor abends das Märchentreffen weitergeht.

## Und was tun sie?

Dornröschen räumt im Park auf.

Aladin liegt auf der Wiese und träumt.

Der Drache Dorian schwimmt
durch Bäche und Flüsse.

Hänsel und Gretel lesen Märchenbücher.

Den Zwergen fallen vor Müdigkeit
die Äuglein zu.

Dem Zauberer Zwirbel ist so langweilig,
dass er nur Unsinn zaubert.

○ Wiederholung Umlaute *ä, ö, ü;*
● vorbegriffliche Anbahnung von Wortfamilien: *Gans–Gänse, …;* ◉ *Was könnten die anderen Märchenfiguren an diesem Nachmittag tun?*

der Märchenwald, der Fluss, der Unsinn, der Floh, die Laus, die Gans, das Gänseblümchen, frei haben, schnipsen, zahm, winzig

▸ **nach** AH A, S. 90–91

-äu

Aus einer schönen Gans
zaubert er viele Gänseblümchen.

Aus einer zahmen Maus
zaubert er viele Tigermäuse.

Aus einer lieben Laus
zaubert er viele Löwenläuse.

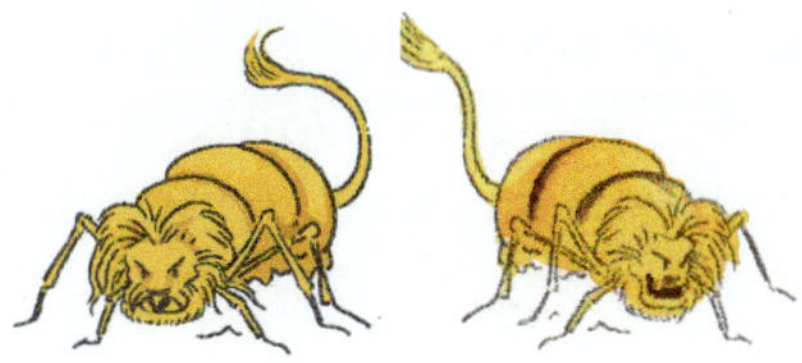

Aus einem riesigen Haus
zaubert er kleine Ameisenhäuser.

Aus einem winzigen Floh
zaubert er viele Riesenflöhe.

So geht es noch den ganzen Nachmittag.
Dann ist es Abend und Zwirbel geht ins Schloss
zu den anderen. Vorher schnipst er aber –
und die Gans, die Maus, die Laus, das Haus
und der Floh sind wieder so, wie sie vorher waren.

1 Schreibe auf, was Zwirbel am Abend zaubert:
Aus vielen Gänseblümchen zaubert er eine schöne Gans …

► AH A, S. 92–93

Was könnte Zwirbel noch für Unsinn zaubern?

# Grille, der Wahrsager

Es waren einmal ein Diener,
eine Dienerin und ein Koch.
Sie stahlen den kostbaren Ring
des Königs. Der König ließ
im ganzen Land einen Wahrsager
suchen, der den Dieb finden sollte.

Ein armer Mann hörte davon. Er hieß Grille.
Weil er kein Geld hatte, war er immer hungrig.
Er dachte: „Als Wahrsager des Königs bekomme
ich bestimmt drei Mahlzeiten am Tag
und muss nicht mehr hungern."

Er ging zum König und behauptete,
dass er ein Wahrsager sei.
Der König befahl Grille, bei ihm im Schloss
zu bleiben und den Ring zu finden.

Am nächsten Morgen brachte der Diener
das Frühstück. Grille dachte an
seine drei Mahlzeiten und murmelte:
„Das ist Nummer eins!"
Der Diener war zu Tode erschrocken.
Er dachte: „Grille weiß, dass ich der Dieb bin"
und rannte hinaus.

Zum Mittag brachte die Dienerin das Essen.
Grille war immer noch sehr hungrig und murmelte:
„Das ist Nummer zwei!"
Die Dienerin fühlte sich ertappt
und verließ zitternd das Zimmer.

Abends servierte der Koch das Essen.
Grille sah das leckere Abendessen
und murmelte: „Das ist Nummer drei!"
Der Koch warf sich vor Grille auf den Boden
und sprach: „Hab Gnade! Ich gebe dir 50 Dollar,
wenn du uns nicht verrätst."

---

1. zur Vorentlastung Märchenwortschatz klären;
2. Fragen zum Textverständnis:
*Wie findet Grille die Diebe? Wie schafft es Grille, die letzte Aufgabe zu lösen? …*

der Wahrsager, der Dieb, der Dollar,
der Truthahn, der Schnabel, der Gast,
die Mahlzeit, die Grille, das Gold,
das Silber, stehlen, behaupten, murmeln

Grille war klug und sprach:
„Gib mir das Geld und stecke den Ring einem Truthahn in den Schnabel!"

Danach ging Grille zum König und sagte:
„Ich weiß, wo der Ring des Königs ist! Kommt mit in den Hof."
Im Hof zeigte Grille auf den Truthahn.

Der König sprach: „Schneidet das Tier auf und schaut nach, ob es den Ring tatsächlich verschluckt hat." Zwei Diener schnitten den Truthahn auf und fanden den Ring.

Der König war glücklich und feierte ein großes Fest. Auf dem Fest sagte er:
„Fragt Grille, was ihr wollt. Er weiß alles."

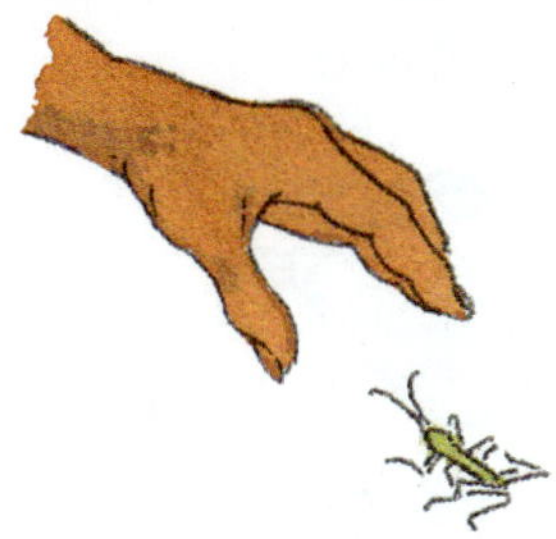

Ein Gast fing heimlich eine Grille, ging damit zu Grille und fragte ihn:
„Was halte ich wohl in den Händen?"

Grille wusste es nicht und schwieg.
Der König wurde böse und sprach:
„Hoffentlich weißt du die Antwort, sonst musst du sterben."

Grille bekam Angst und sagte:
„Grille sitzt in der Falle!"
Da öffnete der Gast die Hände und die Grille sprang heraus.

Die Gäste staunten und der König war sehr stolz. Er beschenkte Grille mit Gold und Silber.
Nun war Grille ein reicher Mann und konnte jeden Tag so viel essen, wie er wollte.

*Märchen aus Trinidad*

ertappen, erschrecken, verlassen, servieren, verraten, verschlucken, schweigen, staunen, öffnen, schenken, kostbar, arm, lecker, genüsslich, klug, stolz, reich

D über literarische Mittel des Märchens sprechen; D Märchen aus verschiedenen Kulturen vergleichen: *Das Töpfchen – Der süße Brei; Grille, der Wahrsager – Doktor Allwissend*

# Zeit für mich

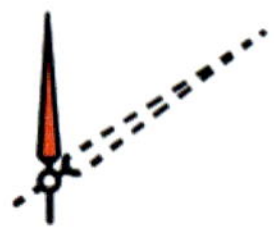

● der kleine Zeiger

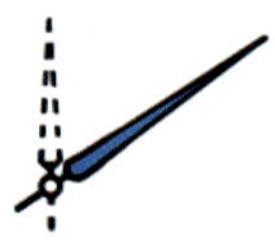

● der große Zeiger

● der Zopf
○ die Zöpfe

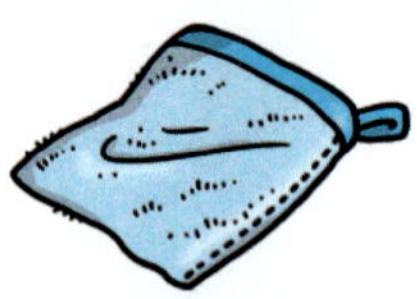

● der Waschlappen
○ die Waschlappen

● die Zahnpasta

● die Zahnbürste
○ die Zahnbürsten

Tagesablauf/-rituale/Uhrzeit thematisieren: *Wann steht Natalia auf? – Um halb 7 steht Natalia auf; Was macht Natalia um 7? – Um 7 putzt Natalia sich die Zähne.*

der Wecker, der Schaum, der Duschvorhang, die Armbanduhr, die Küchenuhr, die Mensa, die Uhrzeit, das Nachtschränkchen, das Training, anfangen

► Audio-CD: Track 43

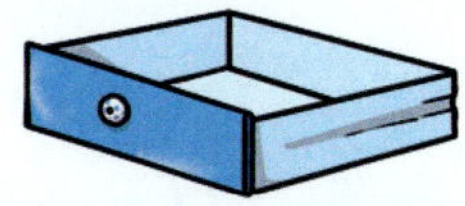

● die Schublade
○ die Schubladen

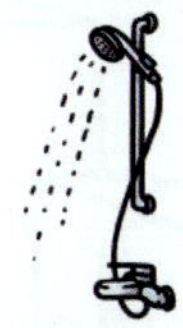

● die Dusche

waschen

flechten

gähnen

müde

wach

▸ AH B, S. 4–5

wecken, schlafen gehen, laufen, [die Zeiger] stehen auf [acht und zwölf], der Kreis; Ü Dzień dobry! (dschinn dobrij) – Guten Morgen! (poln.)

Uhren in den Bildern entdecken; analoge/digitale Zeitangabe vergleichen; D *Wann stehst* ***du*** *morgens auf?*; szen. Spiel zum Tagesablauf; „Guten Morgen" in verschiedenen Sprachen

Benennung der Körperteile (Wandplakat) und der Gegenstände für die Körperpflege;
*Wofür brauchst du (die Bürste)? –*
*(Die Bürste) brauche ich für (meine Haare).*

der Fön, der Waschlappen,
der Wäschekorb, der Kamm, der Rücken,
der Hals, der Ellenbogen, der Bauchnabel,
der Haarreif, der Schaum, die Nagelschere

▸ AH B, S. 6–7

die Kreme, die Schulter, das Haargummi, das Duschgel, das Shampoo, das Haargel, das Klo-/Toilettenpapier, das Badeentchen, kämmen, bürsten

*Wofür brauchst du (die Nagelschere)? – (Die Nagelschere) brauche ich für (meine Fingernägel/Fußnägel).*
Thematisierung der Zahnhygiene (Plakat)

# Das Abendbrot

Natalia holt die Schüssel
aus dem Schrank.
Um 18 Uhr gibt es Abendbrot.
Mama fragt: „Wann kommt Gregor
vom Fußball?“ Natalia antwortet:
„Er wollte um 17 Uhr 30 zu Hause sein.“

Mama, Papa, Natalia und Kaja warten am Tisch.
Es ist 18 Uhr 30. Natalia drängelt.
Sie hat Hunger und möchte anfangen.
Endlich sagt Mama: „Guten Appetit.“
Natalia stopft sich den Mund voll.
Mama sagt streng: „Langsam essen
und trinken!“

Da steht Gregor im Zimmer.
Sein Gesicht ist ganz staubig.
Seine Hose hat ein Loch.
Seine Haare sind strähnig.
Unter dem Arm hält er seinen Fußball.

○ Absätze lesen/Bilder besprechen
○ über die Vorgeschichte (mithilfe der Illustrationen) nachdenken und
D die Vorgeschichten aufschreiben

das Abendbrot, das Loch, drängeln, anfangen, vollstopfen, stinken, schimpfen, streng, verschmiert, strähnig, rabenschwarz

-ng -nk

Kaja kichert und hält sich die Nase zu:
„Iiii, du stinkst!“
Mama sagt: „Wie siehst du denn aus?“
Papa fragt: „Wo bist du so lange gewesen?“

Gregor schimpft: „Lasst mich in Ruhe.
Ich habe Hunger.“
Er nimmt sich eine Scheibe Brot.
Seine Hände sind rabenschwarz.
Natalia fragt: „Warum hast du denn
so schlechte Laune?“

1. Warum hat Gregor wohl schlechte Laune?
Was kann er erlebt haben?

2. Wie kann die Geschichte weitergehen? Erzählt.

► nach AH B, S. 8–11

- Thematisierung von Tischsitten/Essritualen (in verschiedenen Kulturen) und Körperhygiene
- überlegen, wie die Geschichte weitergehen kann (Antwort von Gregor, Reaktion der Eltern)

Würfelspiel für 3 und mehr Spieler:

***Abzählfeld:*** Mitspieler nach dem Abzählreim (Litfaßsäule) abzählen: Der oder die Letzte muss ein Feld zurückgehen.

***Verbenfeld:***
Noch einmal würfeln und nach Augenzahl die Personalform bilden [s. Tafel];
**richtige Form:** 1 Punkt (Muggelstein);
**falsche Form:** 1 Punkt Abzug

der Joker, rutschen, tauschen,
*Personalpronomen systematisch:*
ich, du, er, sie, wir

***Joker:*** Zwei Felder vorrücken;
***Gewinner/Gewinnerin:*** Wer am Spielende die meisten Punkte hat.

ich (male) wir (malen)

du (malst)

er (malt) – sie (malt)

Die eingekreisten Wörter sind Verben.

Verben sagen, was jemand tut.

Verben anhand von Minimalsätzen und Personalendungen (1.–3. Person Sg. und 1. Person Pl.) kennen lernen; ggf. Handgesten einsetzen (siehe AH B, S. 13)

flöten

1. Schreibe die Verben auf.
Schreibe so: ich turne, du turnst, …

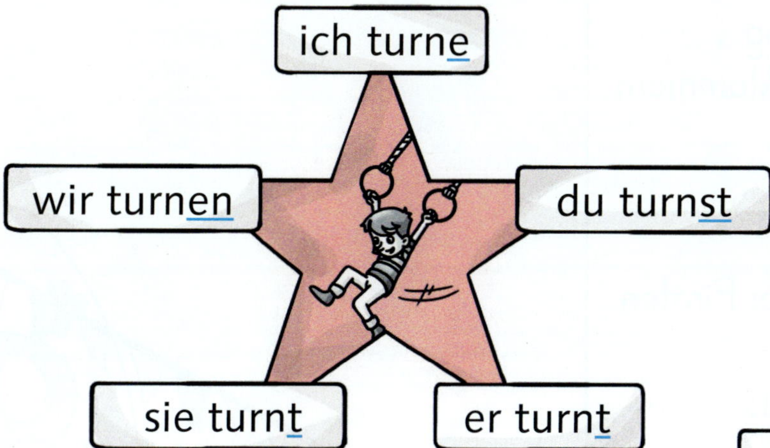


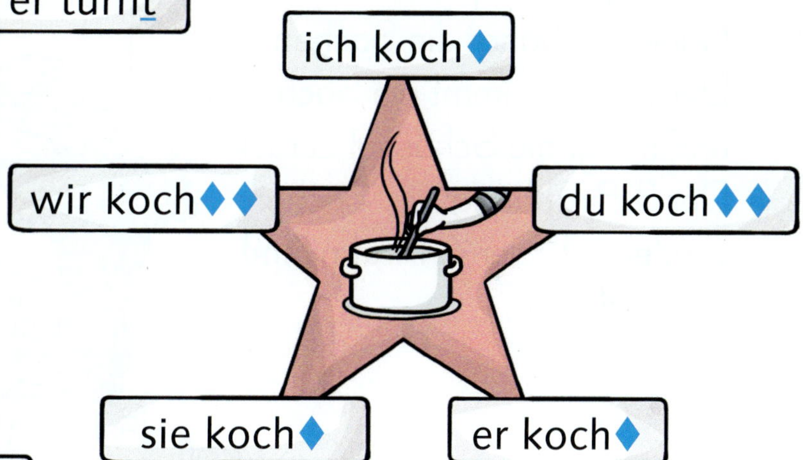


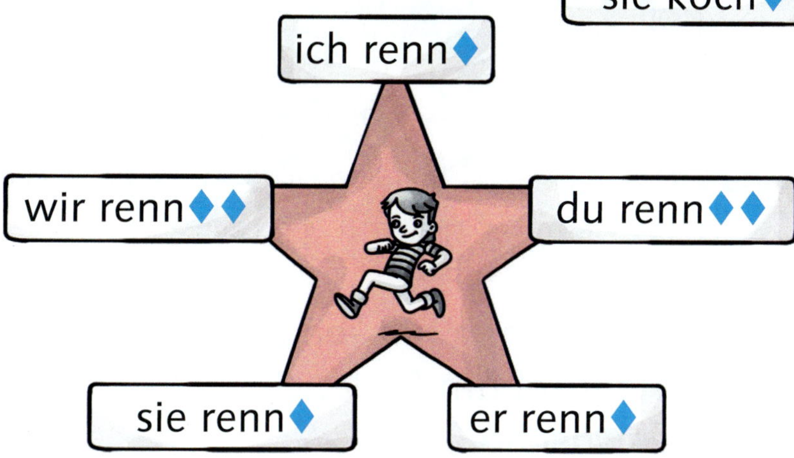


► AH B, S. 12–15

Personalformen der Verben üben
D eigene Verbsterne malen und schreiben

## Die Piratenwäsche

Ihr braucht für jede Mannschaft:

- eine Schüssel mit Kleidung
- einen Beutel mit Wäscheklammern
- eine Leine für die Wäsche

So geht es:

Spannt die Leinen. Immer vier Piraten sind eine Mannschaft.

1. Der 1. Pirat trägt die Schüssel zur Leine und hängt die Sachen auf.
2. Der 2. Pirat nimmt die Sachen ab und bringt die Schüssel zurück.
3. Der 3. Pirat hängt die Sachen wieder auf. Der 4. Pirat nimmt sie wieder ab.

Die schnellste Mannschaft gewinnt!

(1) Finde die vier verschiedenen Nomen mit -en und zwei verschiedene Nomen mit -el am Ende.
Schreibe sie auf: die Piratenwäsche, …

○ Spielanleitungen lesen und umsetzen;
● dabei typische Struktur von Spielanleitungen besprechen (als Muster für eigenes Schreiben);
○ weitere Spiele für ein Piratenfest sammeln

der Pirat, die Wäscheklammer, die Kleidung, die (Wäsche)Leine, die Wäsche, die Mannschaft, spannen (Leine), (etwas) aufhängen

▸ nach AH B, S. 16

-en -el

## Die Wasserträger

**Ihr braucht für jede Mannschaft:**

- einen Eimer mit Wasser
- einen leeren Eimer
- einen Becher
- verschiedene Hindernisse
- eine Stoppuhr

**So geht es:**

Stellt die beiden Eimer im Abstand von 10 Schritten auf.
Baut zwischen den Eimern die Hindernisse auf.

1. Der 1. Pirat rennt mit dem leeren Becher zum vollen Eimer. Da füllt er den Becher.
2. Dann rennt er mit dem vollen Becher zum leeren Eimer und schüttet das Wasser hinein.
3. Alle anderen Piraten machen es genauso.

**Wer nach 5 Minuten das meiste Wasser im Eimer hat, gewinnt!**

(2) Finde die vier Nomen mit -er am Ende.
Schreibe sie auf.

▸ nach AH B, S. 17–19

-er

abnehmen, zurückbringen, füllen, hineinschütten

○ Endungen deutlich sprechen (Pilotsprache); **Lösung: 1.** … die Leinen, die Piraten, die Sachen, die Schüssel, der Beutel **2.** die Wasserträger, das Wasser, der Eimer, der Becher

# Das Kickboard

Ricky darf sich ein
neues Kickboard aussuchen.
Bald hat sie alle ausprobiert.
Doch an jedem hat sie
etwas auszusetzen.
Der Verkäufer ist bereits total genervt.

„Jetzt habe ich nur noch dieses hier“,
sagt er und holt ein uraltes Kickboard
aus dem hintersten Regal.
Ricky verzieht das Gesicht.
„Das ist ja potthässlich!“
„Aber es fährt prima“,
meint der Verkäufer.
„Versuch's doch mal.“
Ricky weiß nicht so recht.
Nur widerwillig steigt sie
auf das alte Kickboard.

Doch kaum berührt sie es,
da rast es auch schon los.
Ganz von allein. Und so schnell
wie ein Formel-1-Rennwagen!
Im Höllentempo geht es
durch den ganzen Laden.
An den Plüschtieren vorbei,
entlang an den Videospielen
und genau auf eine Pyramide
aus hundert Bällen zu.

1. Absätze vorlesen / Abbildungen besprechen
2. Leitfragen zum Textverständnis:
*Warum will Ricky das Kickboard zuerst nicht?*
*Warum ist Ricky dann doch begeistert?*

der Formel-1-Rennwagen, die Pyramide,
das Kickboard, das Höllentempo,
das Videospiel, ausprobieren,
(etw.) aussetzen, verziehen (Gesicht)

„Hilfe!“, schreit Ricky.
Das Kickboard rast haarscharf
an den Bällen vorbei
und bremst genau
vor dem Verkäufer.
Ricky steigt zitternd ab.
Doch sie strahlt.
„Das will ich haben!“,
ruft sie begeistert.

„Aber ich will nicht.
Du quengelst mir zu viel!“,
sagt das Kickboard
und lässt die verblüffte Ricky
einfach stehen.

*Ulli Schubert/Christina Koenig*

1. Welcher Satz ist in welchem Absatz?
2. Schreibe die Sätze in der richtigen Reihenfolge auf.

Doch kaum berührt sie es, da rast es auch schon los.

„Du quengelst mir zu viel!“, sagt das Kickboard.

„Das will ich haben!“, ruft sie begeistert.

Nur widerwillig steigt sie auf das alte Kickboard.

Ricky darf sich ein neues Kickboard aussuchen.

aufsteigen, berühren, rasen, bremsen, absteigen, quengeln, genervt, uralt, potthässlich, widerwillig, haarscharf, bereits, total, hinterste

*Warum will das Kickboard Ricky nicht?*
3. Kerninhalt absatzweise mithilfe der Satzstreifen rekapitulieren; 4. Geschichte nacherzählen; eigenes Ende ausdenken

# Das kann ich schon

**Wiederholung des eingeführten Wortschatzes in Partnerarbeit**
Spielmaterial: 1 Farbwürfel, 1 Augenwürfel, 2 Spielsteine, 2 Büro- oder Wäscheklammern (oder 2 weitere Spielsteine)

**Spieler 1** würfelt mit Farb- und Augenwürfel, setzt seinen Spielstein auf das gewürfelte Feld und nennt das Wort.
**Spieler 2** kontrolliert, falls nötig auf den betreffenden Kapitelseiten (ggf. unter Zuhilfenahme eines zweiten Buches).

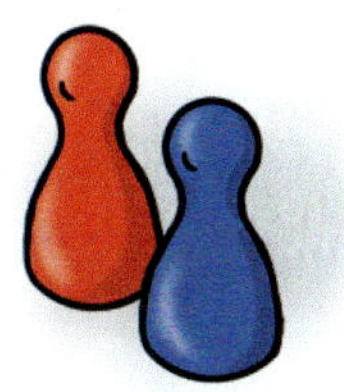

**Spieler 1** darf bei richtiger Antwort auf seiner Zielleiste – am rechten bzw. linken Seitenrand – ein Feld vorrücken (Markierung auf der Zielleiste: ***Spielstein*** neben dem Buch vorrücken oder ***Klammer*** an der Seite befestigen und verschieben).

Nun ist **Spieler 2** an der Reihe. Wer auf ein Sternfeld kommt, darf – ohne zu sprechen – ein Feld auf der Zielleiste vorrücken.

# Computermaus und Lesekater

● der Ausweis
○ die Ausweise

● der Computer
○ die Computer

● die Bücherei
○ die Büchereien

● die Maus
○ die Mäuse

● das Lexikon
○ die Lexika

● das Sachbuch
○ die Sachbücher

● das Bilderbuch
○ die Bilderbücher

*Was macht (Emira)? – (Emira leiht Bücher aus.)*
*Welche [Medien] findest du in der Bücherei?*
[Medienbegriff klären: AV-Medien/Printmedien]
*Welche (Comics/Hörbücher …) kennst du?*

der Gladiator, der Kopfhörer, der Bibliothekar, der Thementisch [hier: Wasser/Meer; vgl. nachfolgendes Kapitel], der Scanner, der Tresen/die Ausleihe, die Bibliothekarin

▸ **nach** AH A, S. 22–25, 36
▸ Audio-CD: Track 44

● das Hörbuch
○ die Hörbücher

vorlesen

zuhören

ausleihen

blättern

lustig

leise

▸ S. 148: Nutzung von Suchmaschinen

die Säule [Comicregal], die Gießkanne, das Medium/die Medien, das Lesealter, erklären, anschauen, gießen, spannend

*Wo findest du (Wörterbücher/Bücher für Leseanfänger …)?* Büchereien nutzen (Systematik nach Lesealter, Gattungen, Themen; Ausleihe); Höflichkeitsformen der Anrede: *Können Sie …*

*Was macht Dilara? Erzähle es der Reihe nach.*
Büchereibesuch als Handlungsfolge (Temporaladverbien) beschreiben; **!** Verbklammer; **D** Ausleihdialog als Rollenspiel: *Ich möchte …*

der Scanner, (der Buchrücken), die Rückgabe, die Ausleihe, (die Signatur), das Schließfach, aufschließen, zurückgeben, schmökern, dann, anschließend

**Mein Buch**

- Mein Buch heißt …
- Es ist von …
- Ich lese euch meine Lieblingsstelle vor.
- Ich zeige euch mein Lieblingsbild.

► AH B, S. 37

die Buchvorstellung, der Autor/die Autorin, die Lieblingsstelle, das Lieblingsbild, das Computerspiel, vorstellen, umziehen, aufschlagen, hochhalten

Bücher vorstellen (Musterablauf als Plakat); D Vorstellung von anderssprachigen Büchern/anderen Medien; Bild zur Lieblingsstelle malen/präsentieren; Handlg. selbst zusammenfassen

1 Schreibe den Text ab.
Kreise die Verben ein: Emira liebt Pferde.

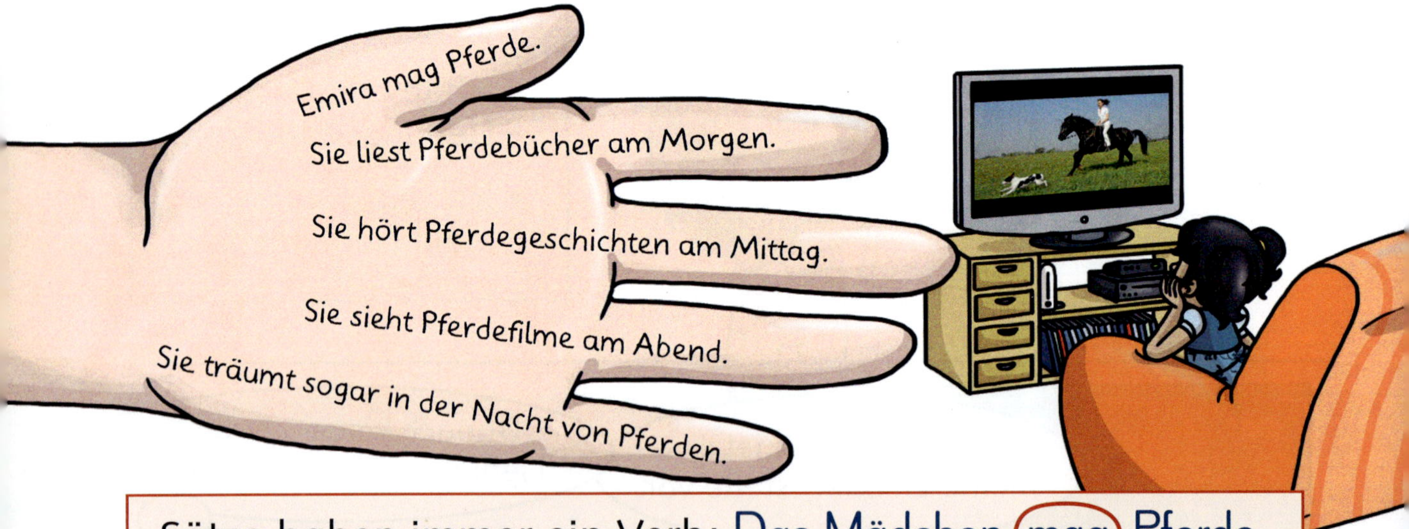


Sätze haben immer ein Verb: Das Mädchen mag Pferde.
Am Ende eines Satzes steht ein Punkt.
Am Satzanfang schreibst du groß.
Das Mädchen mag Pferde.

2 Schreibe auch eine Fünf-Finger-Geschichte.

Matteo mag Hunde.
Er liest Hundebücher am Morgen. ...

Fachbegriffe: Satz, Großschreibung, Punkt; Aussagesatz erarbeiten (Merkmale *Prädikat*, Großschreibung am Anfang, Punkt am Ende); eigene Fünf-Finger-Geschichten schreiben

der Film, der Punkt [Satzzeichen], die Fünf-Finger-Geschichte, das Verb, einkreisen

① Würfelt Sätze. Schreibt fünf Sätze ins Heft:
Die Frau sucht eine Zeitschrift.

② Lest die Sätze. Überlegt gemeinsam, welche Sätze nicht stimmen.

| | | |
|---|---|---|
| der Mann | kauft | ein Märchenbuch |
| die Frau | verschenkt | eine Zeitschrift |
| die Lehrerin | wäscht | ein Sachbuch |
| das Kind | sucht | ein Bilderbuch |
| der Junge | füttert | ein Lexikon |
| das Mädchen | findet | ein Abenteuerbuch |

► AH B, S. 26–29

der Schaum, die Frau, das Abenteuerbuch, schäumen

Sätze würfeln: Großschreibung und Zeichensetzung üben; Unsinnssätze identifizieren („falsche" Verben: *füttert, wäscht*);
D eigene Würfelsätze schreiben

# Die geheimnisvolle Botschaft

Mia darf mit dem Computer von ihrer Schwester Sofie im Internet surfen. Manchmal schickt sie auch Nachrichten an Lisa oder Timo. Am Sonntag findet Mia diese Nachricht:

① Kannst du die Nachricht lesen? Was fällt dir auf?

Mia geht sofort los. Im Park sieht sie gleich das Seil. Es ist an einen Ast der alten Buche geknotet. An dem Seil ist eine zweite Nachricht befestigt.

② Was steht wohl in der Nachricht?
Schreibe sie in der Geheimschrift auf.
Kann ein anderes Kind die Nachricht lesen?

A, E, I, O, U und a, e, i, o, u sind **Selbstlaute**.
Alle anderen Laute heißen **Mitlaute**.

● Geheimschrift entziffern (Vokale ersetzen); ○ Fachbegriffe: Selbstlaut, Mitlaut [Zwie- und Umlaute in Klasse 3]; ● Geschichte fortspinnen; Geheimbotschaften schreiben

der Mut, die Nachricht, die Buche, die Geheimschrift, das Internet, surfen, auffallen, geknotet, befestigt, der Laut, der Selbstlaut, der Mitlaut

# Lang oder kurz?

① Sprich die Wörter laut und deutlich.
Mache die Armprobe dazu.

② Schreibe die Wörter
in eine Tabelle.
Markiere die Selbstlaute.

| langer Selbstlaut | kurzer Selbstlaut |
|---|---|
| der Hut | die Mutter |

Die Selbstlaute A, E, I, O, U und a, e, i, o, u
kannst du lang oder kurz sprechen:

das Tal – die Tasse

▸ AH B, S. 30–31

der Ton, die Tasse, das Tal, die Tonne, (über etw.) streichen; die Armprobe

Vokallängen bestimmen (Anbahnung von Rechtschreibstrategien) mithilfe der Armprobe (Kurzvokal: auf Unterarm tippen; Langvokal: den Unterarm entlangstreichen)

*Wohin gehört das (Leseheft)? – (Das Leseheft) gehört (**in die** Lesekiste). Wo ist (das Leseheft)? – (Das Leseheft) ist (**in der** Lesekiste);*
! Unterscheidung von *Wo-* und *Wohinfrage*

die Fensterbank, die Schachtel, vorher, nachher, (etwas) suchen; Twister®, Jenga®, Mensch-ärgere-dich-nicht®

► AH B, S. 32–33

Wiederholung von Mediengattungen und Präpositionen *(in, auf, zwischen, neben)* im Seitenvergleich unaufgeräumte/aufgeräumte Klasse;
D Welches Buch *(Spiel)* kennst du? Erzähle.

# Es klingelt!

Timo und Matteo sind allein bei Timo zu Hause. Timos Eltern arbeiten noch. Auf dem Boden vor dem neuen Fernseher stehen ein Teller mit Chips und eine Cola.

Timo startet eine DVD. Ein Piratenschiff steuert gerade auf ein großes Handelsschiff zu. Da klingelt es an der Tür.

Timo schaut Matteo an.
„Wir machen nicht auf!", flüstert er.
„Das sind bestimmt die Kinder von nebenan."

Die Piraten haben inzwischen das andere Schiff angegriffen.

Da klingelt es wieder und jemand klopft.
Timo schüttelt den Kopf.
„Wir machen einfach nicht auf."

○ Text inszenierend lesen: die unterschiedlichen Handlungsebenen berücksichtigen;
● die texterschließenden Leitfragen beantworten: mit passenden Textzeilen begründen

der Schreck, der Keller, die Cola, das Handelsschiff, die Chips, klingeln (es klingelt), starten, flüstern, angreifen, vergessen, ausschalten, ärgerlich, gesund, nebenan

Da – wieder das Klingeln! Eine ärgerliche Stimme schimpft: „Mensch, Timo, mach endlich auf. Ich habe meinen Schlüssel vergessen!"

„Ach, du Schreck!", ruft Timo, „das ist meine Mutter!" Er macht schnell die Tür auf. Timos Mutter schaltet den Fernseher aus. „Frische Luft ist gesünder!", sagt sie und schickt die beiden nach draußen.

1. Beantwortet die Fragen:
   - Warum machen die Kinder nicht auf?
   - Warum klingelt Timos Mutter?
   - Was passiert in dem Film?

2. Fünf Wörter in der Geschichte sind blau gedruckt. Schreibe sie in dein Heft. Was fällt dir auf?

3. Finde zu jedem Wort das passende Reimwort. Schreibe die Reimpaare in dein Heft:
   der Teller – der Keller ...

der Pfiff

die Schüssel | rüttelt | der Keller | die Butter

> Vor zwei gleichen Mitlauten wird der Selbstlaut immer kurz gesprochen: die Stimme.

► AH B, S. 34–35

allein, nebenan, inzwischen

- über Fernsehgewohnheiten sprechen
- Wörter mit Doppelkonsonanz: Reimwörter zuordnen; Rechtschreibstrategie anbahnen
- D selbst Doppelkonsonanzwörter finden

# Das Allerwichtigste

Eines Tages hatten die Tiere eine lebhafte Auseinandersetzung.

Заяц сиазал:
– Самое важное – иметь длинные уши. Когда у тебя длинные уши, можно убежать сразу, если почувствуешь опасность или услышишь раскаты грома.

Der Hase sagte:
„Das Allerwichtigste ist es, **lange Ohren** zu haben. Wenn man lange Ohren hat, bemerkt man das kleinste Geräusch eines Donners oder einer Gefahr und kann rechtzeitig wegrennen."

„Vielleicht ist das so", überlegten die anderen.

„Я считаю – продолжила лягушка, – самое важное – быть ЗЕЛЁНЫМ, чтобы можно было спрятаться или убежать от врага.

„Ich meine", warf der Frosch ein, „das Allerwichtigste ist es, **grün** zu sein, um sich tarnen zu können und dem Feind zu entwischen."

„Vielleicht ist das so", überlegten die anderen.

1. beim Vorlesen Bildbetrachtung: *Welches Tier spricht? Wie sehen die anderen Tiere aus?*
2. Russ./türk.Text: Vorlesen (lassen) oder von der CD zum Buch abspielen

der Donner, der Feind, die Gefahr, das Allerwichtigste, das Geräusch, die Flügel, bemerken, einwerfen, sich tarnen, entwischen, kreischen, erwischen, hoch, weise

„Wenn es darum geht", kreischte der Vogel, „ist es das Allerwichtigste, **Flügel** zu haben. Niemand erwischt einen, wenn man hoch genug fliegt."

„Konu buysa" diye çığlığı bastı kuş „en önemlisi KANATLARA sahip olmaktır. Yeterince yüksekten uçanı kimse tutamaz."

„Vielleicht ist das so", überlegten die anderen.

„Vielleicht sind **alle** diese Dinge wichtig", sagte die weise Eule.

„Alle?", riefen die anderen. „Nein, nicht alle zusammen! Jeder von uns hat etwas Wichtiges."

① Wie heißen die Tiere? Kennst du die Namen noch in einer anderen Sprache?

② Jedes Tier hat etwas Wichtiges. Beschreibe es.

---

Ü doğru (dohru) – das stimmt (türk.); Это правДа (ätto prawda) – das stimmt (russ.); die Randspaltentexte sind Übersetzungen der Tieraussagen ins Russ. bzw. Türk.

3. generativ: *Was ist für (den Igel) das Allerwichtigste?*; 4. *Das stimmt!* und Tiernamen in versch. Sprachen; 5. Gespräch über den Text: *Jeder von uns hat etwas Wichtiges.*

# Die Welt um mich herum

● der Regen

● der Wasserkocher
○ die Wasserkocher

● der Fisch
○ die Fische

● die Pfütze
○ die Pfützen

● die Wolke
○ die Wolken

● die Schnecke
○ die Schnecken

● das Waschbecken
○ die Waschbecken

*Was macht (Momo)? – (Momo wischt die Tafel).*
*Wo entdecken die Kinder Wasser? – (Emira) entdeckt Wasser (in der Pfütze).*
*Wo entdeckt **ihr** noch Wasser auf dem Bild?*

der (Schul)Garten, der Wasserhahn, der Schwamm, der Regenmesser, die (Toiletten)Spülung, das Projekt, wischen, spülen

Audio-CD Track 45

● das Aquarium
○ die Aquarien

regnen

spritzen

gießen

flüssig

fest

heiß

trocken

trinken, feucht

Wasserprojekt in der Klasse (Erkundung der Umgebung; Wasserexperimente: Pflanzenbewässerung durch Wollfaden; Umschüttversuch; Wassernutzung in der Schule)

# Wasser-Versuch 1

*Was macht Emira? – Zuerst legt Emira ein Ei …*
*Umut erklärt den Versuch. Was sagt Umut? –*
*Lege das Ei mit dem Löffel in das Glas. …*
Imperative bilden; ! geben – gib

der Versuch, der Krug, der Cent,
(der Wasserberg), der Tropfen, die Münze,
die Anleitung, das Experiment,
das Material

## Wasser-Versuch 2

► AH B, S. 40–41

das Spülmittel, legen, sinken, streuen

Inversion bei Imperativsätzen; Versuch nachmachen *(Salzwasser verhält sich anders, Wasserberg)*; Versuchsergebnis beschreiben; D Versuchsanleitung schreiben

# Pitschnass

Seit drei Tagen ist es furchtbar warm.
Die Kinder schwitzen in der Hitze.

Emira, Umut, Dilara und Matteo
wollen am Nachmittag an den See.
Sie möchten schwimmen und
ein Picknick machen.
Um 15.00 Uhr sind sie verabredet.

Sie packen ihre Sachen in ihre Rucksäcke.
Alle haben gute Laune.
Aber was ist mit Umut?

Am See rennen Dilara, Emira
und Matteo schnell ins Wasser.
Nur Umut geht ganz langsam hinein.
Dilara spritzt ihn nass. Das finden die
anderen witzig und lachen. Umut ist sauer.

Niemand bemerkt die grauen Wolken.
Plötzlich ruft der Bademeister: „Da kommt
ein Gewitter – alle raus aus dem Wasser!"

○ Text absatzweise lesen/Bildbezug herstellen
○ Fragen zum Text beantworten: *Worauf freuen sich die Kinder? Was passiert, als sie am See sind? Warum schwitzt niemand mehr?*

der See, das Schutzdach, schwitzen, witzig, schrecklich, blitzschnell, abtrocknen, pitschnass

-tz -ck

Schon zucken die ersten Blitze.
Dann donnert es schrecklich laut.

Der erste Regentropfen fällt Dilara auf die Nase. Jetzt muss Umut lachen. Die Kinder packen blitzschnell alles ein und stellen sich unter ein Schutzdach.

Als das Gewitter vorbei ist, laufen sie los. Immer noch fallen dicke Tropfen. Auf der Straße sind große Pfützen. Die Kinder halten ihre Jacken über den Kopf. Aber es hilft nichts. Alle werden pitschnass!

Zu Hause müssen sie erst einmal ihre nassen Sachen ausziehen und sich abtrocknen. Jetzt schwitzt niemand mehr!

1. Was denken die Kinder wohl, als sie nach Hause laufen?

2. Erzähle die Geschichte nach. Die Bilder und die Wörter helfen dir.

► AH B, S. 42–43

● *Warum hat Umut wohl schlechte Laune?*
○ Geschichte nacherzählen („roten Faden" mithilfe der Illus und Stichwörter herstellen)
○ *tz/ck* als Sonderform der Doppelkonsonanz

Adjektivspiel: Wer zuerst auf die richtige Karte tippt, darf die nächste Frage stellen: *Welches Schiff liegt im Hafen? – Das alte/neue, weiße/rote, schnelle/langsame Schiff.*

der Hafen, eckig

*Der dicke / dünne, blaue / grüne, große / kleine …;*
*Die leere / volle, grüne / gelbe, runde / eckige …*
Adjektive in attributiver Verwendung;
Gegensatzpaare; welche / r / s, diese / r / s

① Wie sind diese Nomen?
Schreibe die Sätze in dein Heft: Die Decke ist weich.

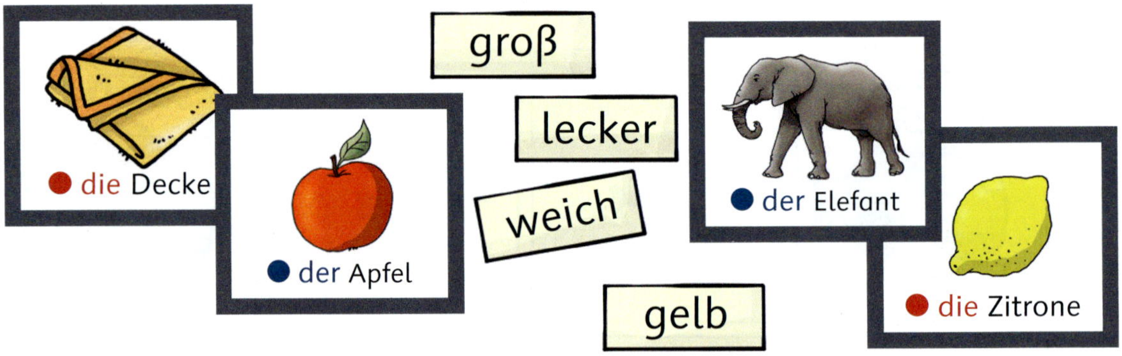


② Finde die Gegensätze. Schreibe sie auf:
das nasse Wasser – das trockene Handtuch

**Adjektive** sagen dir, wie Nomen sind.
So fragst du nach Adjektiven: Wie ist …?
Wie ist das Wasser? Das Wasser ist nass.

Fachbegriff: Adjektiv; Adjektive in prädikativer Verwendung (unflektierte Form); Frageprobe zur Wortartbestimmung; Gegensatzpaare
D *Kennst du noch andere Gegensatzpaare?*

der Mittagstisch, zart;
der Gegensatz, das Gegensatzpaar

(1) Ergänze die beiden Treppengedichte mit Adjektiven.
Die gelben Wortkarten helfen dir.

frech
lieb
klein
braun

Die Schnecke
Die liebe Schnecke
Die liebe kleine Schnecke
Die ... Schnecke
Die ... Schnecke
sitzt auf der Gartenhecke.

groß
zart
jung
lecker

Der Fisch
Der ... Fisch
Der ... Fisch
Der ... Fisch
Der ... Fisch
kommt heute auf den Mittagstisch.

Adjektive können vor Nomen stehen.
Sie haben dann eine Endung:
das blaue Wasser
die kleine Schnecke
das alte Haus

► AH B, S. 44–47

Fachbegriff: Endung; Adjektive in attributiver Verwendung (flektierte Form); D *Schreibe ein eigenes Treppengedicht. Markiere die Endungen der Adjektive in deinem Gedicht.*

# Wasser-Rätsel

① Welches Wort sucht Timo?

Rechtschreibstrategien einführen: alphabetisches Nachschlagen in der Wörterliste (S. 153); Merkstellen von Wörtern einprägen;
D Nachschlagen im Wörterbuch

die Wörterliste, das Wörterbuch, nachschlagen, vertrocknen

(1) Löse die Wasser-Rätsel. Schlage in der Wörterliste nach, wie die Wörter geschrieben werden.
Schreibe die Lösungen auf:

1. das Aquarium
2. …

**Wasser-Rätsel 2**

Mit dem ~~~ kannst du verreisen.

**Wasser-Rätsel 1**

Im ~~~ schwimmen die Fische.

**Wasser-Rätsel 3**

Mit dem ~~~ kannst du die Tafel wischen.

**Wasser-Rätsel 4**

In der ~~~ kannst du planschen.

**Wasser-Rätsel 5**

Mit der ~~~ kannst du die Blumen gießen.

**Wasser-Rätsel 7**

Am ~~~ kannst du im Sand spielen.

**Wasser-Rätsel 6**

Im ~~~ kannst du vom Sprungbrett springen.

► AH B, S. 48–53

das Sprungbrett, der Strand

○ Rätsel lösen, das passende Bild zuordnen; in der Wörterliste nachschlagen (S. 152–157);
● über das Textmuster der Rätsel sprechen;
D eigene Rätsel erfinden und lösen lassen

# Schiffe von früher

## Kanus

Die Indianer in Nordamerika bauten Kanus. Die Kanus waren aus Baumrinde. Die Indianer nähten die Rindenstücke mit Baumwurzeln zusammen. An den Seiten befestigten sie Holzstäbe, damit das Kanu fest war.

## Galeeren

Die Griechen fuhren früher mit großen Ruderschiffen in den Krieg. Diese Schiffe hießen Galeeren. In den Galeeren saßen die Ruderer auf mehreren Decks übereinander. Manchmal gab es 170 Ruderer.

## Wikingerschiffe

Die Wikinger fuhren in schmalen Langbooten aus Holz über das Meer. Diese Boote hatten Ruder und ein großes Segel. Die größten Wikingerschiffe hießen Drachenschiffe.

## Klipper

Klipper waren große Schiffe mit drei bis fünf Masten und vielen Segeln. Sie fuhren sehr schnell. Mit ihnen transportierte man Dinge, die nicht lange unterwegs sein sollten: Tee, Früchte und die Post.

○ Sachtexte lesen; Bilder zur Sachinformation nutzen; ● schwierige Begriffe erkennen und ihre Bedeutung klären (bei Erwachsenen nachfragen, in Büchern/im Internet recherchieren)

der Indianer, der Holzstab, der Grieche, der Krieg, der Ruderer, der Wikinger, der Mast, der Ort, die Rinde, die Wurzel, die Fähre, die Eisenbahn, das Deck

# Schiffe von heute

**Fähren**
Zu manchen Orten kommt man nur, wenn man über das Wasser fährt. Fähren bringen Menschen und Autos und sogar Eisenbahnzüge über Flüsse und über das Meer.

**Speedboote** (sprich Spiedboote)
Speedboote sind Rennboote mit sehr starken Motoren. Sie sind wie Rennautos auf dem Meer. Man kann mit ihnen bis zu 260 km/h schnell fahren.

**Eisbrecher**
Wenn im Winter die Flüsse und Meere voller Eis sind, können viele Schiffe nicht mehr fahren. Dann brechen Eisbrecher das Eis auf, damit andere Schiffe wieder fahren können.

**U-Boote**
Das Wort *U-Boot* bedeutet *Unterseeboot*. U-Boote können unter Wasser fahren. Mit ihnen erforscht man den Meeresboden und die unter Wasser lebenden Tiere.

(1) Wähle ein Schiff aus und stelle es in der Klasse vor. Im Internet findest du mehr Informationen.

das Segel, das U-Boot, die Früchte, Nordamerika, nähen, rudern, transportieren, erforschen, aufbrechen, fest

● Schlüsselbegriffe aus einem Text einprägen und einen Kurzvortrag halten; D sich über weitere Schiffstypen informieren, diese Schiffe vorstellen; evtl. einen Sachtext dazu schreiben

# Bei uns und anderswo

● der Gast
○ die Gäste

● der Brief
○ die Briefe

● der Globus

● der Vulkan
○ die Vulkane

● die Landkarte

● die Hauptstadt
○ die Hauptstädte

● das Gebirge

andere Länder/Kulturen/Sprachen kennen lernen: Gäste befragen, sich durch Bücher, Filme, im Internet informieren; Präsentationen zu anderen Ländern/Sprachen gestalten

der Condor, der Tukan, (der Erdteil), der (Brief)Umschlag, die Papaya, die Mango, das Land, die Indianer, Südamerika, besuchen, übersetzen, spanisch

► Audio-CD: Track 46

● der Papagei
○ die Papageien

● die Küste

● das Wörterbuch
○ die Wörterbücher

übersetzen

nachschlagen

hoch

tief

► AH B, S. 56–57

Ü *Willkommen:* добро пожаловать (dobro pojalovat, russ.), benvenuto (ital.), bienvenue (frz.), hosgeldiniz (hoschgildinis, türk.); Span.: bienvenido (m)/~a (f)/~os (pl)

Wörter aus anderen Sprachen sammeln *(Tafel-Glossar, Sprachenlandkarte)*; Sprachkenntnisse der Kinder aktivieren; D eigene Sprachsteckbriefe; zweisprachige Wörterbücher

1 Was machen die Kinder? Erkläre es.

Fragespiel beschreiben; Fragepronomen *(wer, was, wie, wo, warum, wann)* wiederholen; W-Fragen stellen und beantworten; Bildmotive und Fragen in Zusammenhang bringen

der Geburtstag, der Sprungturm, (der Flughafen), die Waffel, die Schwimmflügel, (jmdn.) umarmen

# ① Welche Antwort gehört zu welcher Frage?

**Warum** bist du manchmal traurig?

**Wie** findest du Schlangen?

**Wann** gehst du abends ins Bett?

**Wer** ist dein bester Freund oder deine beste Freundin?

**Was** machst du am Wochenende?

**Wo** bist du in den Ferien?

▸ AH B, S. 58–59

das Wochenende, das Meerschweinchen, die Stürmerin, die Wasserrutsche

Antworten den richtigen W-Fragen zuordnen; Anbahnung der grammat. Behandlung des Fragesatzes; über eigene Vorlieben/Ängste sprechen; D eigene W-Fragen aufschreiben

Du stellst eine Frage, wenn du eine Antwort willst.
Am Ende eines **Fragesatzes** steht ein Fragezeichen.
Am Satzanfang schreibst du groß.
Wer ist der Nachbar von Momo?

1. Bilde Fragen mit den Fragewörtern auf den gelben Karten.
Schreibe fünf Fragen so auf: Wo liegt der Ball?

| | | |
|---|---|---|
| wo | ist ein Globus | ? |
| wie | fängt morgens die Schule an | ? |
| wer | lebt Antonia | ? |
| wann | heißt *der Ball* auf Türkisch | ? |
| was | liest den Brief von Antonia vor | ? |

Fachbegriffe: Fragesatz, Fragezeichen; Einführung des Fragesatzes (Großschreibung, Zeichensetzung); Fragepronomen (W-Fragen); Zusammenhang von *warum/weil* thematisieren

der Witz, der Fragesatz, die Antwort, die Frage, das Fragewort, leben

ie

① Suche eine Frage aus und lies sie vor.
Das andere Kind liest die passende Antwort vor:
Wer hilft mir bei den Hausaufgaben? Ich helfe dir.

② Suche zwei Fragen aus und schreibe sie
mit den Antworten auf.
Achte auf die Fragezeichen und die Punkte.

Warum ist die Banane krumm
Umut

Wann fängt die große Pause an
Matteo

Wo finde ich das Buch „Frag mich“ von Antje Damm
Mia

Ich helfe dir
Timo

Die große Pause fängt um 10 Uhr an
Natalia

Das Buch findest du in der Bilderbuch-Kiste
Frau Koch

Wer hilft mir bei den Hausaufgaben
Lisa

Die Banane ist krumm, weil sie nicht gerade ist
Emira

③ Schreibe eigene Fragen und
die passenden Antworten auf.

► AH B, S. 60–61

ausradieren

Fragen und Antworten zuordnen (Stützung durch Farbgebung der Kärtchen); Fragen aufschreiben (Großschreibung, Zeichensetzung); D eigene Frage-Antwort-Kärtchen schreiben

# Ein Brief für Antonia

Querida Antonia,

la semana pasada tu tío Manuel
fue nuestro invitado en la escuela.
Él es vecino de Momo.

Manuel nos ha hablado de ti.
Pero nos gustaría saber mucho más.
Por eso tenemos unas preguntas para ti.

¿Cuántos niños hay en tu grado?
¿Qué canción cantan en las mañanas en tu escuela?
¿Qué te gusta hacer en las tardes?
¿Quién es tu mejor amiga?

Esperamos tu respuesta.
¡Saludos calurosos desde Alemania!

El grado 2a

PD: Tu tío tradujo la carta para ti.

Liebe Antonia,

in der letzten Woche war
dein Onkel Manuel hier
bei uns in der Schule zu Gast.
Er ist der Nachbar von Momo.

Manuel hat uns von dir erzählt.
Wir möchten gern viel von dir erfahren.
Deshalb haben wir einige Fragen an dich.

Wie viele Kinder sind in deiner Klasse?
Was singt ihr morgens in der Schule?
Was machst du gern nachmittags?
Wer ist deine beste Freundin?

Wir freuen uns auf deine Antwort.
Liebe Grüße aus Deutschland!

Die Klasse 2a

PS: Dein Onkel hat den Brief für dich übersetzt.

Fragen der Klasse 2a mithilfe von Antonias Brief beantworten; Bezug zwischen „spanischem Originalbrief" und Übersetzung herstellen; über das Übersetzen sprechen

der Onkel, der Nachbar, das Lied, (etwas) erfahren, letzte; PS (Postscriptum: Nachsatz im Brief)

# Ein Brief von Antonia

Hallo Kinder der Klasse 2a,

vielen Dank für euren Brief und die schönen Tier-Aufkleber.
Ich bin in der Klasse 2c und wir sind 35 Mädchen.
In der Schule singen wir morgens das Lied „Buenos días a tí“.
Nachmittags mache ich meine Hausaufgaben.
Danach spiele ich mit meiner besten Freundin Luisa.

Hasta pronto! (Bis bald!)
Antonia Ramos

PS: Mein Onkel hat den Brief ins deutsche übersetzt.

① Finde im Brief die fünf Wörter mit ie und schreibe sie auf:
der Brief,

② Lies die beiden Sätze vor.

S◆◆ben Fl◆◆gen bes◆◆gen s◆◆ben R◆◆sen.

S◆◆ben R◆◆sen bes◆◆gen s◆◆ben Fl◆◆gen.

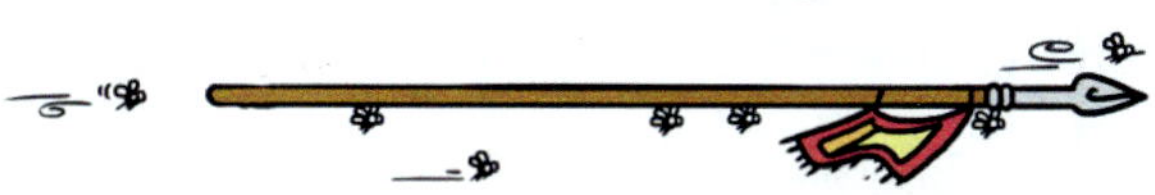

▸ AH B, S. 62–63

-ie

der Dank, der Aufkleber, die Fliege, das Geschenk

● Merkmale der Textsorte Brief besprechen (Anrede, Grußformel, PS); D Klassenbrief an eine Partnerklasse schreiben; ○ Buchstaben im Umkehrsatz beim Lesen ergänzen

Possessivpronomen in der 1. und 3. Person Singular üben; Endung -e bei den Feminina erkennen; ! sein/seine; *ihr/ihre*; mit den übrigen Geschenken üben: *Käse, Puppe, Pferd*

## Das Lied vom verschwundenen Heft *(nach M. Geck)*

2 Eins, zwei, drei, vier, fünf, sechs, sieben,
wo ist nur mein Heft geblieben?

Wir haben dein Heft versteckt
und nun ist es plötzlich weg.

Wo kann denn das Heft nur sein?

1 Spielt das Spiel und versteckt noch andere Sachen.

- ▸ AH B, S. 64–65
- ▸ Audio-CD: Track 22/23

die Strophe, weg sein, versteckt

Spielverlauf klären: Kind verlässt die Klasse, während zuvor festgelegter Gegenstand versteckt wird; Possessivpronomen (auch 2. Pers. Sing.; ! Mask. im Akk.: *deinen (Kleber)*

# Unsere Partnerschule in Ecuador

Seit Donnerstag letzter Woche haben wir eine Partnerschule in Ecuador. Das ist eine Grundschule in Quito.
Die Nichte von Manuel geht dort zur Schule. Sie heißt Antonia.
Sie besucht die zweite Klasse.

Alle Schulkinder in Ecuador tragen eine Uniform.
So kann niemand angeben, dass seine Sachen toll sind.
Außerdem kann man so nicht erkennen, ob die Kinder aus einer reichen oder armen Familie kommen.

Antonias Uniform besteht aus einem blauen , einer weißen Bluse, einer blauen , weißen  und blauen Schuhen.

In den Schulen in Ecuador gibt es Zensuren von 1 bis 20.
20 ist die beste Zensur.

○ Beim Lesen Bild-Text-Bezug herstellen; Bildwörter beim Lesen ersetzen *(Rock, Jacke, Socken, schmutzig)*; ○ eigene Schulsituation mit der Schule in Ecuador vergleichen

der Rock, der Unterricht, der Feiertag, der Monat, die Partnerschule, die Nichte, die Uniform, die Bluse, die Zensur, die Sachen (Kleidung)

Der Schultag beginnt um 7 Uhr.
Der Unterricht endet um 13 Uhr.
Wenn Antonias Lehrerin
das Klassenzimmer betritt,
stehen alle Kinder auf.
Erst wenn die Lehrerin sagt
„Setzt euch!“, dürfen sich
die Kinder auf ihre Plätze setzen.

In der Pause frühstücken und
spielen die Kinder zusammen.
Manchmal wird
die Uniform dabei .

In Ecuador gibt es nicht
so viele Feiertage wie in bei uns.
Die Sommerferien sind aber
zwei Monate lang.

1. Was ist in Antonias Schule anders als bei dir?
2. Finde die Wörter mit *ll*, *mm*, *nn*, *tt* und schreibe sie auf.
3. Finde die Wörter zu den Bildern in der Wörterliste und schreibe sie auf: der Rock – S. 155, …

► AH B, S. 66–67

die Sommerferien, tragen (Kleidung), frühstücken, außerdem

● Was gefällt euch an Antonias Schule gut/nicht so gut?; D über Schule in weiteren Ländern informieren; Wörter mit Doppelkonsonanz (auch *ck* und *tz*) heraussuchen

*Sophie hat einen kleinen Kuschelhasen, der Felix heißt. Manchmal verreist Felix und dann vermisst Sophie ihn sehr. Zum Trost schreibt ihr Felix immer lange Briefe von unterwegs und erzählt ihr von seinen Abenteuern.*

Am 21. März in Mexiko

Hola, Sophie,

das ist Spanisch und heißt „hallo"!
So spricht man hier,
wir sind nämlich in Mexiko vor Anker gegangen.
Aber das ist nicht die einzige Sprache,
es werden noch viele verschiedene
Indianersprachen gesprochen.

Echte Schlangen gibt es hier auch und stell dir vor,
im Urwald wächst die Schokolade an Bäumen!
Nicht in Tafeln natürlich!

1. Vor dem (Vor)lesen: Figur *Felix* einführen; über ein Buchcover sprechen (Titel, Autorin, ...)
2. Beim Lesen: unbekannte Wörter erkennen und ihre Bedeutung besprechen

der Trost, der Urwald, die Tafel (Schokolade), die (Kakao)bohne, die Wind-Bö, das Abenteuer, Mexiko, vor Anker gehen, jmdn. vermissen, glauben, (gären), (rösten)

Wäre es nicht toll, wenn wir so einen Kakao-Baum
zu Hause im Garten hätten?!?

Ganz anders ist es in der Wüste,
dort wachsen riesige Kakteen.
Und jetzt kommt's: eine Wind-Bö hat meinen Koffer
gegen so einen Riesen-Kaktus geweht!
Ich musste ganz schön ziehen und zerren,
so fest hielten ihn die Stacheln.

Aber jetzt hab ich es geschafft
und mich hält hier gar nichts mehr fest.

Darum mache ich mich auf den Weg zu dir.

Bis ganz bald,

FELIX

*Text: Annette Langen/Illustration: Constanza Droop*

① Welche Wörter aus dem Brief von Felix kennst du nicht?
Wie kannst du herausbekommen, was sie bedeuten?

Liebe Sophie,
hier in Ägypten ist es sehr heiß.
Gestern habe ich Pyramiden gesehen.
Neben einer lag eine Riesenkatze
oder ein Riesenlöwe, das weiß ich nicht.
Bis bald!
Dein FELIX

► AH B, S. 68–69

verarbeiten, zerren, schaffen, riesig, echt, einzig

3. über die Sachzeichnung sprechen;
D selbst Reiseberichte ausdenken; Kurzbriefe von Felix schreiben (vgl. Musterbrief aus Ägypten)

# Das kann ich schon

10
9
8
7
6
5
4
3
2
1
0

**Wiederholung des eingeführten Wortschatzes in Partnerarbeit**
Spielmaterial: 1 Farbwürfel, 1 Augenwürfel, 2 Spielsteine, 2 Büro- oder Wäscheklammern (oder 2 weitere Spielsteine)

**Spieler 1** würfelt mit Farb- und Augenwürfel, setzt seinen Spielstein auf das gewürfelte Feld und nennt das Wort.
**Spieler 2** kontrolliert, falls nötig auf den betreffenden Kapitelseiten (ggf. unter Zuhilfenahme eines zweiten Buches).

10
9
8
7
6
5
4
3
2
1
0

**Spieler 1** darf bei richtiger Antwort auf seiner Zielleiste – am rechten bzw. linken Seitenrand – ein Feld vorrücken (Markierung auf der Zielleiste: ***Spielstein*** neben dem Buch vorrücken oder ***Klammer*** an der Seite befestigen und verschieben).

Nun ist **Spieler 2** an der Reihe. Wer auf ein Sternfeld kommt, darf – ohne zu sprechen – ein Feld auf der Zielleiste vorrücken.

● der Januar

● der Februar

● der März

● der April

● der Mai

● der Juni

Januar, Februar, März, April –
die Jahresuhr steht niemals still.

fängt das Ganze schon wieder
von vorne an.

*Welcher Monat ist das* [auf Monatsbild in der Jahresuhr zeigen]*? Welche Monate gehören (zum Herbst)? Welcher ist der (siebte) Monat? Welches Bild siehst du beim (März)? Warum?*

der Kalender, der Karneval, (der Harlekin), der Weihnachtsbaum, (der Märzenbecher/ der Frühblüher), der Regenbogen, die Jahresuhr, die Drossel

Audio-CD: Track 47

● der Juli

● der August

● der September

● der Oktober

● der November

● der Dezember

die Luftmatratze, die Lebenslust, das Kostüm, das Schlauchboot, stillstehen

Erarbeitung der Monatsnamen/-zählung; Zuordnung zu den Jahreszeiten; ! Monatsnamen/Jahreszeiten = Maskulina (Ausnahme: *das Frühjahr*); Lied zu den Jahreszeiten

## Herbstzeit – Erntezeit

*Text: Rosemarie Künzler-Behncke / Melodie: Klaus W. Hoffmann*

## Suchspiel

1. Ich finde meinen Drachen nicht.
   Wo ist er nur geblieben?
   Ich finde meinen Drachen nicht.
   Wo ist er nur geblieben?
   Auf dem Schrank liegt er nicht.
   Hinter dem Schrank liegt er nicht.
   Vor dem Schrank liegt er nicht.
   Unter dem Schrank liegt er nicht.
   Ach, auf der Bank – da kann er sein.

2. Ich finde meine Mütze nicht.
   Wo ist sie nur geblieben? …

generatives Sprechen: oben: *(Äpfel/Birnen/Trauben) ernten, das ist toll …*; unten: Akkusativobjekt ersetzen; Präpositionen wiederholen (und pantomimisch darstellen)

die Ernte, reifen, weit und breit

Audio-CD: Track 24/25

# Novemberwetter

Klitsch, klitsch, klatsch,
der Hund **fällt** in den Matsch.
Die Gretel, die am Wege sitzt,
die heult, denn sie ist vollgespritzt.
Klitsch, klitsch, klatsch,
das ist Novembermatsch.

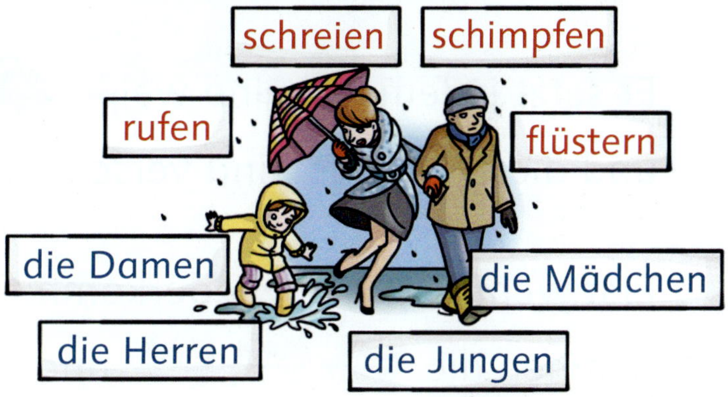


Plim, plim, plam,
wir waten durch den Schlamm.
Die Damen **rufen**: „Ih und huh!"
Die Herren tragen Gummischuh.
Plim, plim, plam,
das ist Novemberschlamm.

Klick, klick, kleck,
der Pudel **tollt** im Dreck.
Und als der Pudel kommt nach Haus,
da sieht er wie ein Igel aus.
Klick, klick, kleck,
das ist Novemberdreck.

*James Krüss*

der Matsch, der Schlamm, der Gummischuh, der Dreck, der Pudel, plumpsen, schreien, tollen, rollen, vollgespritzt

generatives Sprechen: (blaue) Subjekte und (rote) Prädikate ersetzen; Wortfelder für Verben; über den Aufbau des Gedichts sprechen; Geburtstage thematisieren

## Wer macht das?

Er setzt jeder  eine weiße  auf
und die  sind verschwunden.

Er setzt jedem  eine weiße  auf,
und die  sind verschwunden.

Er setzt jedem  eine weiße  auf,
und die  sind verschwunden.

Erst wenn die  wiederkommt,
nehmen die 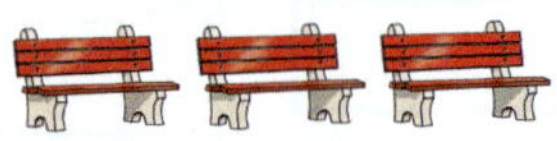 und die  und die 
ihre weißen  wieder ab und sind wieder da.

1. Löse das Rätsel. Wer ist gemeint?
2. Schreibe selbst ein solches Gedicht.
   Die Bilder helfen dir.

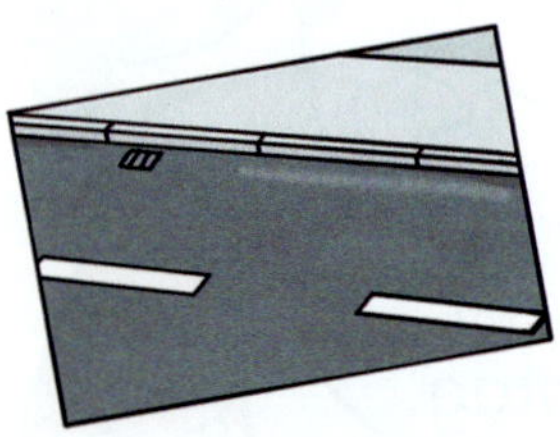    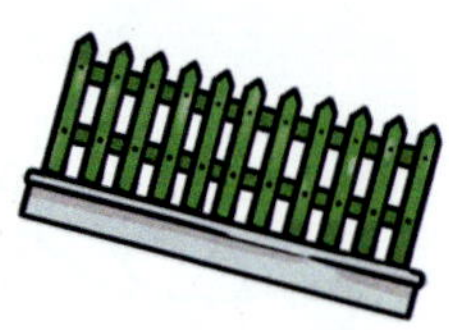

Beim Lesen des Rätsels Bildwörter ersetzen;
Rätsel (mithilfe der Illustration) lösen;
generativ: Bildwörter für ein eigenes Schnee-Gedicht ersetzen (Plural üben; ! *jeder/jedem*)

(etwas) abnehmen, verschneit

## Die Tiere feiern Karneval

1. Die Tiere feiern Karneval
   bei Bauer Franz im Stall.
   Der Hahn, der kommt als Schwein
   und tanzt für sich allein.
   Der, die, das – das macht so richtig Spaß!

2. Die Tiere feiern Karneval
   bei Bauer Franz im Stall.
   Die Kuh, die schreit: „I-aaah!
   Ich bin als Esel da!“
   Der, die, das – das macht so richtig Spaß!

3. Die Tiere feiern Karneval
   bei Bauer Franz im Stall.
   Das Schwein, das kommt als Hase
   und hat 'ne rote Nase.
   Der, die, das – das macht so richtig Spaß!

der Stall

Gedicht lesen/singen; Tiernamen und Karnevalsverkleidungen besprechen; generatives Sprechen: Tiernamen ersetzen; Relativsätze üben; Geburtstage thematisieren

## Kommt ein Vogel geflogen

*Text: Nortrud Boge-Erli / Melodie: Wenzel Müller*

1.

● die Eule

● die Taube

● der Storch

2. Kommt eine Ziege geflogen,
setzt sich nieder auf deine Hand –
und das ist nicht gelogen,
denn sie schenkt dir ein blaues Band.

● die Ziege

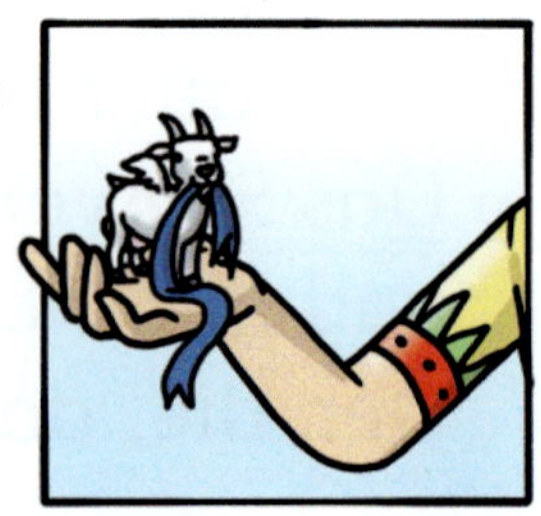

● der Regenwurm

● das Flusspferd

● der Schmetterling

3. Kommt ein Walross geflogen,
setzt sich nieder auf dein Bein –
und das ist nicht gelogen,
denn es schenkt dir einen bunten Stein.

Lied singen (**!** Textabweichung vom bekannten Volkslied); generativ: Tiere (Pronomen!), Körperteile und „Mitbringsel“ (Akkusativobjekt!) variieren; **D** eigene Reime erfinden

der Gruß, der Storch, der Regenwurm, die Taube, das Walross, niedersetzen, lügen

► Audio-CD: Track 26/27

# Bunt gefleckt getupft gescheckt

Wenn die ersten Tropfen fallen,
lustig auf das Pflaster knallen,
blühen sie wie Blumen auf.
Bunt gestreifte, bunt gefleckte,
bunt getupfte, bunt gescheckte
nehmen fröhlich ihren Lauf.

Seit die ersten Tropfen fielen,
schweben sie auf dünnen Stielen,
leuchtend, schimmernd, rund und glatt.
Bunt gestreifte, bunt gefleckte,
bunt getupfte, bunt gescheckte
Schirme blühen in der Stadt.

*Vera Ferra-Mikura*

das Pflaster (Straßenbelag), knallen (= laut fallen), aufblühen, gefleckt, getupft, gescheckt, leuchtend, schimmernd, glatt

Gedicht zunächst ohne Anschauen der Buchseite vorlesen und Kinder die Lösung raten lassen; generativ: Farbadjektive ersetzen (als Würfelspiel) und Gedicht aufschreiben

## Reisezeit!

Der Vater schickt den Sohn ins Haus,
er soll das Fernglas holen.
Der Sohn, der holt das Fernglas nicht
und kommt auch nicht heraus.

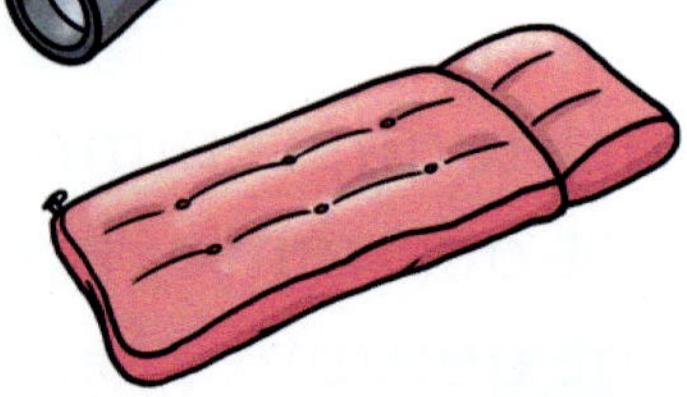

Der Vater schickt die Tochter ins Haus,
sie soll die Luftmatratze holen.
Die Tochter, die holt die Luftmatratze nicht.
Der Sohn, der holt das Fernglas nicht
und kommt auch nicht heraus.

Der Vater schickt …

Da geht der Vater selbst ins Haus
und sieht dabei sehr wütend aus.
Der Sohn, der holt das Fernglas nun.
Die Tochter holt …
…
und kommt auch gleich heraus.

Wiederholung Verwandschaftsbezeichnungen; Text mit immer längeren Absätzen sprechen; generativ: Personen und Akkusativobjekte einsetzen (vgl. Illustration); ! *den/das/die*

das Fernglas, die Leine

# Du bist da und ich bin hier

Du bist da,
und ich bin hier.

Du bist Pflanze,
ich bin Tier.

Du bist Riese,
ich bin Zwerg.

Du bist Tal,
und ich bin Berg.

Du bist dunkel,
ich bin hell.

Du bist langsam,
ich bin schnell.

Du bist einsam, ich bin allein.
Komm, wir wollen Freunde sein.

*Frantz Wittkamp*

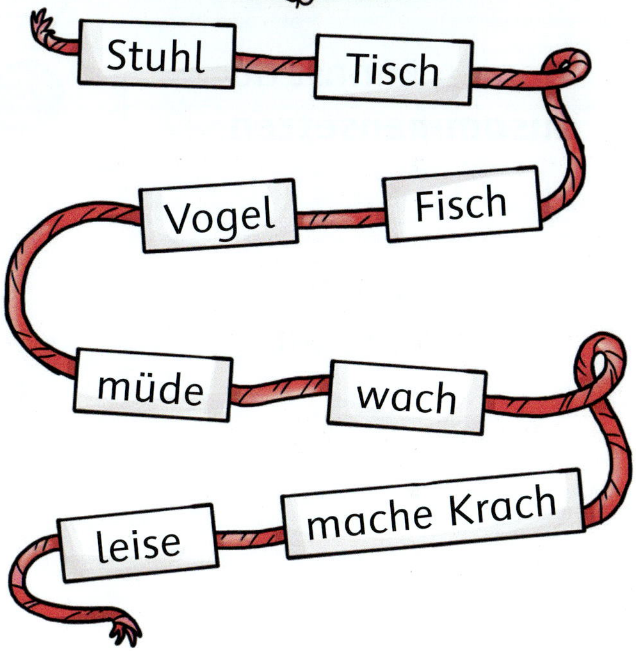

das Tal, einsam

Gegensatzpaare wiederholen (auch Nomen); über das Gedicht sprechen und die Illustrationen auf den Text beziehen; generativ: blaue Wörter ersetzen (Vorschläge am Rand)

**Nomen** sind Wörter für Menschen, Sachen, Tiere und Pflanzen. Nomen gibt es in der Einzahl und in der Mehrzahl.

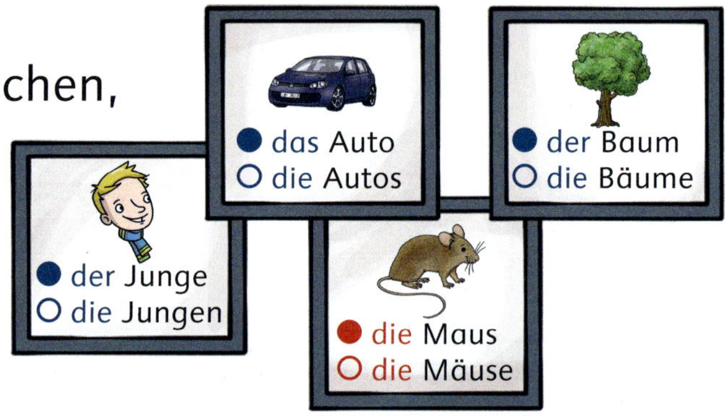


Nomen haben **Artikel**.

der / ein Kuchen — das / ein Auto — die / eine Maus

Nomen kannst du **zusammensetzen**.

**Verben** sagen, was jemand tut.

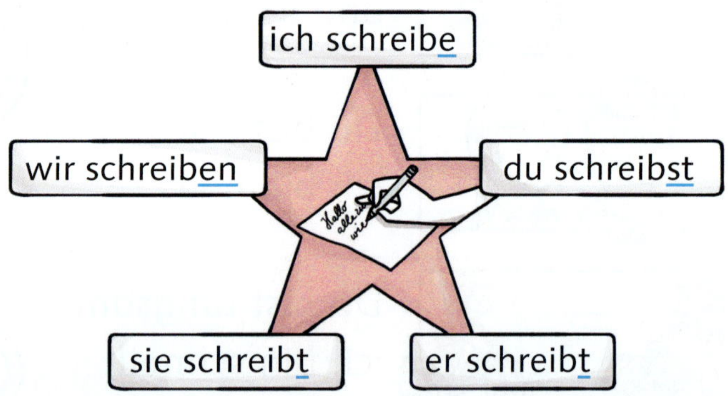


Mit **Wortbausteinen** kannst du Wörter bilden.

auf schreiben — an schreiben

**Adjektive** sagen dir, wie Nomen sind.

Adjektive können vor Nomen stehen. Sie haben dann eine **Endung**.

Fachbegriffe wiederholen: Nomen, Einzahl, Mehrzahl, Artikel, zusammengesetztes Nomen, Wortbaustein, Adjektiv, Endung; Beispiele auf Merksätze beziehen

Nomen schreibst du groß.

● das Auto

---

**Sätze** haben immer ein Verb.
Am Ende eines Satzes steht ein Punkt.
Am Satzanfang schreibst du groß.

Das Auto fährt.

Du stellst eine Frage, wenn du eine Antwort willst.
Am Ende eines **Fragesatzes** steht ein Fragezeichen.
Am Satzanfang schreibst du groß.

Wohin fährt das Auto?

---

A, E, I, O, U und a, e, i, o, u sind **Selbstlaute**.
Alle anderen Laute heißen **Mitlaute**.

Die Selbstlaute A, E, I, O, U und a, e, i, o, u kannst du lang oder kurz sprechen.

Das lang gesprochene *i* schreibst du meist *ie*.

Vor zwei gleichen Mitlauten wird der Selbstlaut immer kurz gesprochen.

Auch vor *ck* und *tz* wird der Selbstlaut immer kurz gesprochen.

Fachbegriffe (Satz, Punkt ...) u. Rechtschreibstrategien wiederholen: Großschreibung (Nomen/Satzanfang), Vokallänge abhören, Konsonantenverdopplung, *ie* als Dehnungsmarkierg.

## Informationen finden

① Worüber möchtest du etwas wissen?
Versuche so wie Timo Informationen im Internet zu finden.

Informationen im Internet recherchieren; eine Suchmaschine (helles-koepfchen) in ersten Funktionen kennen lernen, Adresszeilen eingeben, Recherchevorschläge aufgreifen

der Link/(die Überschrift), der Monitor, die Adresszeile, die Liste, die Information, die Suchmaschine, das Internet, das Suchfeld

# Texte mit dem Computer schreiben

1 Probiere die Umschalt-Tasten und die Löschtaste am Computer aus.

die Tastatur, die Taste, die Umschalt-Taste, die Lösch-Taste/(die Returntaste), die Leertaste

PC als Schreibwerkzeug nutzen; Einführung in die Tastatur: Umschalttaste (Großschreibung) und Returntaste (Korrektur) verwenden; D Funktion der Leertaste besprechen

# Texte überarbeiten

Du kannst Texte mit anderen Kindern zusammen verbessern.

1. Lies erst Lisas Geschichte und dann die Sprechblasen.
Worüber freut sich Lisa wohl?
Was findet sie wohl nicht so gut?

2. Was könnte Emira aufschreiben?

Geschichten gemeinsam überarbeiten (Schreibkonferenz); Rückmeldungen geben/Verbesserungsvorschläge machen

die Überschrift, überarbeiten

# Texte veröffentlichen

Du kannst deine Texte für andere veröffentlichen.

das Mini-Buch, veröffentlichen

über Formen von Textpräsentationen sprechen: Poster, Pinnwand, Klassen-Tagebuch, Gedichtblatt, Brief, Mini-Buch; Funktion von Veröffentlichungen thematisieren

# Wörterliste

A a 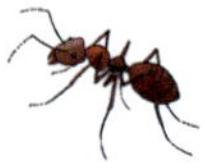

abtrocknen, du trocknest ab
- die Angst
- der Apfel, die Äpfel
- der April
- das Aquarium, die Aquarien
- der August

ausleihen, du leihst aus
- der Ausweis, die Ausweise

B b 

backen, du bäckst
- der Backofen, die Backöfen

baden, du badest
- die Badewanne, die Badewannen
- der Bauernhof, die Bauernhöfe

beißen, du beißt
- das Besteck, die Bestecke

besuchen, du besuchst
- das Bett, die Betten
- das Bild, die Bilder
- das Bilderbuch, die Bilderbücher
- das Blatt, die Blätter

blättern, du blätterst
bluten, du blutest
- das Boot, die Boote

böse
- der Brief, die Briefe
- die Brille, die Brillen
- die Bücherei, die Büchereien
- das Bügeleisen, die Bügeleisen
- der Bus, die Busse

C c 

- der Clown, die Clowns
- der Comic, die Comics
- der Computer, die Computer

D d 

deutsch
- der Dezember
- der Dienstag, die Dienstage
- das Ding, die Dinge
- der Donnerstag, die Donnerstage
- der Drache, die Drachen
- die Dusche, die Duschen

E e 

erzählen, du erzählst
essen, du isst
- der Euro, die Euros

Europa

## F f 

fahren, du fährst
- das Fahrrad, die Fahrräder

fallen, du fällst
- der Februar
- der Fehler, die Fehler
- der Fernseher, die Fernseher

fest
- der Finger, die Finger
- der Fisch, die Fische

flechten, du flichtst
- die Fliege, die Fliegen

flüssig
- der Freitag, die Freitage

sich freuen, du freust dich
- der Freund, die Freunde
- die Freundin, die Freundinnen

fröhlich
- der Frühling
- der Fußball, die Fußbälle

## G g 

gähnen, du gähnst
- der Gast, die Gäste
- das Gebirge, die Gebirge
- der Geburtstag, die Geburtstage

gefährlich

gewinnen, du gewinnst

gießen, du gießt
- die Gießkanne, die Gießkannen
- der Globus, die Globen

groß

gut

## H h 

- die Hand, die Hände
- das Handy, die Handys

hängen, du hängst
- die Hauptstadt, die Hauptstädte
- das Haus, die Häuser

heiß

heißen, du heißt

helfen, du hilfst
- der Herbst
- die Hexe, die Hexen

hoch
- das Hörbuch, die Hörbücher

## I i 

- der Igel, die Igel

ihm

ihn

ihr

# Wörterliste

## J j

- die Jacke, die Jacken
- das Jahr, die Jahre
- der Januar
- jubeln, du jubelst
- der Juli
- jung
- der Juni

## K k

- kalt
- kämpfen, du kämpfst
- kaputt
- die Katze, die Katzen
- die Klasse, die Klassen
- der Kletterturm, die Klettertürme
- klopfen, du klopfst
- der Koffer, die Koffer
- kommen, du kommst
- der König, die Könige
- können, du kannst
- der Kopf, die Köpfe
- kosten, es kostet
- die Küche, die Küchen
- der Kühlschrank, die Kühlschränke
- die Küste, die Küsten
- die Kutsche, die Kutschen

## L l

- die Landkarte, die Landkarten
- lang
- langsam
- leise
- das Lexikon, die Lexika
- liegen, du liegst
- der Löffel, die Löffel
- lustig

## M m

- das Mädchen, die Mädchen
- der Mai
- das Märchen, die Märchen
- das Märchenbuch, die Märchenbücher
- der März
- die Maus, die Mäuse
- das Meer
- das Messer, die Messer
- der Mittwoch, die Mittwoche
- mögen, du magst
- der Monat, die Monate
- der Montag, die Montage
- müde
- die Muschel, die Muscheln
- müssen, du musst

## N n

nachschlagen, du schlägst nach
nehmen, du nimmst
nett
● der November
● die Nummer, die Nummern

## O o

● das Ohr, die Ohren
● der Oktober
● das Öl

## P p

packen, du packst
● der Papagei, die Papageien
pfeifen, du pfeifst
● das Pferd, die Pferde
● die Pfütze, die Pfützen
plötzlich
● der Polizist, die Polizisten
● die Postkarte, die Postkarten
● der Prinz, die Prinzen
● die Prinzessin, die Prinzessinnen
putzen, du putzt
● die Putzkraft, die Putzkräfte

## Qu qu

● die Qualle, die Quallen
● der Quark

## R r

● der Radiergummi, die Radiergummis
● das Rätsel, die Rätsel
● der Regen
regnen, es regnet
rennen, du rennst
reparieren, du reparierst
richtig
● der Rock, die Röcke
rund

## S s

● das Sachbuch, die Sachbücher
sagen, du sagst
● der Samstag, die Samstage
● der Satz, die Sätze
sauber
saugen, du saugst
● das Schaf, die Schafe
● das Schiff, die Schiffe
● das Schloss, die Schlösser
schmecken, du schmeckst

schmutzig
- die Schnecke, die Schnecken

schnell
- die Schublade, die Schubladen
- der Schwamm, die Schwämme

schwierig
- das Schwimmbad, die Schwimmbäder

sehen, du siehst
- der September

sieben

singen, du singst

sitzen, du sitzt
- die Socke, die Socken
- der Sommer
- der Sonntag, die Sonntage

spielen, du spielst
- der Spielplatz, die Spielplätze
- die Sprache, die Sprachen

sprechen, du sprichst

spritzen, du spritzt
- die Spüle

spülen, du spülst

stark
- der Staubsauger, die Staubsauger

stehen, du stehst
- der Strand, die Strände
- die Straße, die Straßen

sich streiten, du streitest dich
- die Stunde, die Stunden

süß

## T t

- der Tag, die Tage
- der Teig

telefonieren, du telefonierst
- der Teller, die Teller

teuer
- der Text, die Texte

tief
- das Tier, die Tiere

toll
- der Torwart, die Torwarte

tragen, du trägst

träumen, du träumst
- das Trikot, die Trikots

trocken

## U u

übersetzen, du übersetzt
- das Ufer, die Ufer
- die Uhr, die Uhren
- die Uhrzeit
- der Unfall, die Unfälle

## V v

- die Vase, die Vasen
- der Vater, die Väter
- vergessen, du vergisst
- der Verkehr
- verletzt
- verlieren, du verlierst
- verreisen, du verreist
- verstecken, du versteckst
- versuchen, du versuchst
- viel
- vier
- der Vogel, die Vögel
- voll
- vorlesen, du liest vor
- vorsichtig
- der Vulkan, die Vulkane

## W w

- wach
- warm
- das Waschbecken, die Waschbecken
- waschen, du wäschst
- der Waschlappen, die Waschlappen
- das Wasser
- weinen, du weinst
- weiß
- wichtig
- die Wiese, die Wiesen
- der Winter
- wissen, du weißt
- witzig
- die Wolke, die Wolken
- wollen, du willst
- das Wörterbuch, die Wörterbücher
- wütend

## Z z

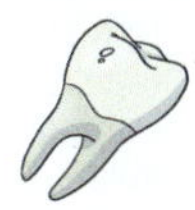

- zählen, du zählst
- der Zahn, die Zähne
- die Zahnbürste, die Zahnbürsten
- die Zahnpasta, die Zahnpastas
- der Zauberer, die Zauberer
- zaubern, du zauberst
- zeigen, du zeigst
- der Zeiger, die Zeiger
- der Zirkus, die Zirkusse
- der Zoo, die Zoos
- der Zopf, die Zöpfe
- zuhören, du hörst zu
- zusammen
- der Zwerg, die Zwerge

| | Sprache fördern | Sprechen und zuhören |
|---|---|---|
| Unsere Schule – meine Klasse **S. 4 – 17**   | Ortsangaben im Dativ, Nebensätze mit *weil* anbahnen **S. 5**; Verbklammer im Perfekt; Demonstrative *diese/~r/~s* üben **S. 6 / 7**; Ortsangaben im Akkusativ, Nebensätze mit *dass* üben **S. 12 / 13**; generatives Sprechen (Forscherfrage) **S. 13** | Gesprächsregeln besprechen **S. 4 / 5**, **12 / 13**; Sprachbegegnung: Mehrsprachigkeit thematisieren **S. 6 / 7**; texterschließende Fragen beim Zuhören beantworten **S. 16 / 17** |
| Ich und du **S. 18 – 31**  | Attribuierbarkeit als Kennzeichen von Nomen erkennen, Flexionsformen von Adjektiven üben, Possessivpronomen *mein / meine* verwenden **S. 24 / 25**; Differenz zwischen natürlichem und grammatischem Geschlecht thematisieren **S. 28** | über Freizeitvorlieben und über Gefühle sprechen **S. 18 / 19**; Konfliktsituationen besprechen **S. 20**, **30 / 31**, Konflikte szenisch spielen; Versöhnungssätze üben **S. 20**; telefonisch Verabredungen treffen (Dialoge spielen) **S. 21** |
| Ich kenne mich aus **S. 32 – 45**  | Höflichkeitsformen der Anrede verwenden, W-Fragen üben **S. 32 / 33**; Präpositionen im Zusammenhang mit Wegbeschreibungen üben *(zum / zur, mit der / dem)*; Sprachspiel spielen **S. 40 / 41** | Interviews vorbereiten, führen und dokumentieren **S. 32 / 33**; Berufe pantomimisch darstellen, Fragen zu Berufen stellen **S. 34 / 35**; Wege beschreiben **S. 40 / 41**; Fragen zum Text beantworten **S. 44 / 45** |
| Bei mir zu Hause **S. 48 – 61**  | Verbklammer bei abgetrennten Vorsilben, Wechselpräpositionen üben **S. 48 / 49**; Sätze mit Modalverben bilden; Personalform von Modalverben **S. 48 – 51**; Höflichkeitsanrede, Wortschatz *Einkaufen* **S. 54 / 55** | Sprachbegegnung: unterschiedliche Sprachen thematisieren / übersetzen **S. 48 / 49**; über Aufgaben im Haushalt sprechen **S. 50 / 51**; erdachte Dialoge / Dialogspiel szenisch spielen **S. 52 – 55** |
| Ich stelle mir vor **S. 62 – 75**  | W-Fragen zum Bild stellen **S. 62 / 63**; Präteritum als Erzählzeit (Märchen): Bildung bei regelmäßigen Verben **S. 64 / 65**; Substantivkomposita bilden, Relativpronomen bei Relativsätzen **S. 68 / 69** | über Märchenfiguren sprechen **S. 62 / 63**; Märchen mit dem Kamishibai inszenieren / als Tanzspiel aufführen, nacherzählen, Lied singen **S. 64 / 65** |
| Zeit für mich **S. 76 – 89**  | Uhrzeitangaben üben **S. 76 / 77**; Wortschatz *Körperpflege* üben **S. 78 / 79**; Personalformen von Verben im Präsens üben (mit Handgesten) **S. 82 / 83, 85** | Über Tagesabläufe sprechen / szenisch darstellen; Sprachbegegnung: Begrüßungsformeln in versch. Sprachen **S. 76 / 77**; Tischsitten und Essrituale thematisieren **S. 80 / 81**; Abzählreime verwenden **S. 82 / 83** |
| Computermaus und Lesekater **S. 92 – 105**  | Höflichkeitsformen der Anrede anwenden **S. 92 / 93**; Handlungsfolgen beschreiben, Modalverben verwenden (Verbklammer) **S. 94**; Wechselpräpositionen mit richtigem Kasus verwenden **S. 100 / 101** | eine Bücherei nutzen, Bücher und AV-Medien auswählen, einen Ausleihdialog spielen **S. 92 / 93**; (Lieblings-)Bücher und -Software präsentieren **S. 94 / 95**; eigene Mediennutzung reflektieren **S. 102 / 103** |
| Die Welt um mich herum **S. 106 – 119**  | W-Fragen stellen **S. 106 / 107**; Imperative bilden (auch unregelmäßige Formen), Inversion bei Imperativsätzen **S. 108 / 109**; Flexionsformen von Adjektiven **S. 112 / 113, 115** | Beobachtungsaufträge und Versuche durchführen (Wasserprojekt) **S. 106 – 109**; eine Geschichte nacherzählen, über Motive von Figuren nachdenken **S. 110 / 111** |
| Bei uns und anderswo **S. 120 – 133**  | Fragesätze und Fragepronomen üben, Antwortmuster lernen, Wörtersammlungen anlegen **S. 120 – 123**; Possessivpronomen üben **S. 128 / 129** | sich über andere Kulturen informieren **S. 120 / 121**, **130 / 131**; über eigene Vorlieben / Ängste sprechen **S. 123**; über das Übersetzen sprechen **S. 126**; Lied singen **S. 129** |
| Durch das Jahr **S. 136 – 145**  | Monatsnamen lernen **S. 136 / 137**; generatives Üben: Akkusativobjekt, Präpositionen, Pronomen **S. 138 / 139**, **142**, **144**; Plural, Pronomen: **S. 140 / 141**; Farbadjektive **S. 143** | Lieder singen **S. 137**, **138**, **142**; rhythmisches Sprechen **S. 138**, **141**, **144**; Gedichte betont und ausdrucksvoll sprechen **S. 139**, **141**, **143**, **145** |
| Fachbegriffe / Textwerkstatt **S. 146 – 151** | | |

| Sprache untersuchen | Schreiben / Richtig schreiben | Lesen – mit Texten und Medien umgehen |
|---|---|---|
| Nomen in Singular und Plural (*n*-Plural, *e*-Plural [mit Umlaut], *s*-Plural) erkennen; Fachbegriffe *Nomen, Einzahl, Mehrzahl* **S. 8 / 9**; Wortfamilien kennenlernen (Umlautung in Personalformen und im Plural) **S. 14 / 15** | fremdsprachige Wörter notieren **S. 6 / 7**; Tabellen schreiben **S. 9**; eingeführte Buchstaben wiederholen **S. 10 / 11**; Sätze zu Bildern schreiben **S. 11**; Wörter mit *Ä / ä*, Wörter mit *Pf / pf* **S. 14 / 15**; Text weiterschreiben **S. 15**; Geschichte als Leporello gestalten **S. 17** | Regeltext verstehend lesen **S. 4 / 5**; andere Schriften kennenlernen, fremdsprachige Wörter lesen **S. 6 / 7**; Merksätze lesen und einprägen **S. 9**; Bild-Text-Zuordnungen vornehmen **S. 10 / 11**, **S. 14 / 15** |
| Verbindung von natürlichem Geschlecht und Artikel erkennen, Gattungsnamen finden **S. 26**; Nomen erkennen; bestimmten / unbestimmten Artikel zuordnen, Fachbegriff *Artikel* **S. 27** | Freizeitbeschäftigungen aufschreiben **S. 18 / 19**, eigene Steckbriefe gestalten, Wörter mit *Eu / eu* **S. 22 / 23**; generatives Schreiben: Treppensätze **S. 25**; Großschreibung von Nomen **S. 27**; Wörter mit *Qu / qu;* Wörter mit *J / j* **S. 28 / 29** | diskontinuierlichen Texten / Tabellen Informationen entnehmen; Piktogramme verstehen **S. 22 / 23**; Bezugsstruktur von Pronomen verstehen; über Textstrukturen sprechen **S. 28 / 29** |
| männliche / weibliche Berufsbezeichnungen kennen **S. 34 / 35**; Nomen nach semantischen Kategorien ordnen, Sammelnamen / Oberbegriffe kennen und verwenden **S. 36 / 37** | Posterpräsentationen gestalten **S. 34 / 35**; Listen schreiben **S. 37**; Wörter mit *V / v;* Wörter mit *ß* **S. 38 / 39**; Wörter mit *Ö / ö;* Tagebucheintrag (mit dem Computer) schreiben **S. 42 / 43** | Bezugsstruktur von Pronomen verstehen, Verhalten bewerten **S. 38 / 39**; Plänen (Legenden) Informationen entnehmen **S. 40 / 41**; Text sinnerfassend lesen, Textform besprechen **S. 42 / 43** |
| Bedeutungsveränderung bei Verben durch Vorsilben, Verbklammer bei trennbaren Verben erkennen, Modalsätze bilden, Fachbegriff *Wortbaustein* **S. 56 / 57** | Darf-und-muss-Sätze schreiben **S. 50 / 51**; Wörter mit *Ü / ü* **S. 52 / 53**; Einkaufszettel schreiben **S. 54 / 55**; Satzpaare aufschreiben **S. 56 / 57**; Wörter mit *Sp / sp, St / st* im Anlaut **S. 58 / 59** | Überschrift auf Text beziehen, Bezugsstruktur von Pronomen verstehen, Situationen bewerten **S. 52 / 53**; beim Lesen passende Wörter einfügen, Textmuster fortsetzen **S. 58 / 59**; Gedicht variieren, Gedicht vortragen **S. 60 / 61** |
| Abc einprägen **S. 67**; Substantivkomposita bilden und zerlegen, Funktion von Komposita besprechen, Genusbestimmung durch das Grundwort **S. 70 / 71**; Stammumlautung im Plural, Wortfamilien **S. 72 / 73** | Wörter mit *C / c*, Wörter mit *X / x*, Wörter mit *Y / y*, Abc-Listen schreiben **S. 66 / 67**; Rätselsätze schreiben **S. 70 / 71**; Wörter mit *-äu*, Unsinnssätze ausdenken **S. 72 / 73** | Bezugsstruktur von Pronomen verstehen, Spekulationen über einen Textfortgang anstellen, Wörterverzeichnisse lesen **S. 66 / 67**; über literarische Eigenarten des Märchens sprechen **S. 74 / 75** |
| Verben erkennen, Personalformen unterscheiden / bilden (1. – 3. Person. Sing, 1. Person Pl.); Fachbegriff *Verb*; Personalformen üben **S. 84 / 85** | Vorgeschichte zu Bildern schreiben **S. 80 / 81**; Wörter mit *-ng*, Wörter mit *-nk* **S. 80 / 81**; Wörter mit *-en, -el* **S. 86**; Wörter mit *-er;* Rechtschreibstrategie: Pilotsprache verwenden **S. 87** | Bild-Text-Kombinationen lesen **S. 78 / 79**; Enden einer Geschichte erfinden **S. 80 / 81**; Spielanleitungen verstehen **S. 86 / 87**; Fragen zum Text beantworten, Aussagen Absätzen zuordnen **S. 88 / 89** |
| Fachbegriffe *Satz, Selbstlaut / Mitlaut, kurze / lange Selbstlaute;* Selbst- und Mitlaute unterscheiden und Vokallänge abhören können *(Armprobe)* **S. 96**, **98 / 99**; Aussagesätze erkennen **S. 96 / 97** | Fünf-Finger-Geschichten schreiben, Großschreibung am Satzanfang, Satzschlusszeichen *Punkt* **S. 96 / 97**; Vokallänge abhören; **S. 98 / 99**; Wörter mit doppelten Konsonanten **S. 102 / 103**; Reimwörter **S. 103** | Geheimschriften dechiffrieren **S. 98**; Handlungsebenen in Texten unterscheiden; Fragen zum Text beantworten und Antworten belegen **S. 102 / 103**; multilinguale Textpräsentationen kennen lernen **S. 104 / 105** |
| Fachbegriffe *Adjektiv, Endung* **S. 114 / 115**; Adjektive erkennen *(Frageprobe);* Gegensatzpaare; attributiver und prädikativer Gebrauch des Adjektivs **S. 114 / 115** | Versuchsanleitung **S. 108 / 109**, Wörter mit *-tz*, Wörter mit *-ck* **S. 110 / 111**; Treppengedicht **S. 115**; Rätsel schreiben, Nachschlagen in der Wörterliste, Merkstellen einprägen **S. 116 / 117** | über Motive von Figuren nachdenken **S. 110 / 111**; Rätseltexte lesen **S. 117**; Sachtexte verstehen, unbekannte Begriffe klären, Informationen recherchieren **S. 118 / 119** |
| Fachbegriff *Fragesatz, Fragewörter* **S. 124 / 125**; Fragesätze erkennen **S. 124 / 125** | Fragezeichen als Satzschlusszeichen **S. 124 / 125**; Wörter mit *-ie* **S. 127**; Wörter mit doppelten Konsonanten / Nachschlagen wiederholen **S. 130 / 131** | Briefe lesen und über die Textsorte sprechen **S. 126 / 127**, **132 / 133**; Sachtext auf eigene Lebenssituation beziehen und vergleichen **S. 130 / 131**; Buchcover besprechen **S. 132 / 133** |
| Wortfelder *Verben der Bewegung, Verben des Sagens* **S. 139** | Text (Rätsel) nach Muster schreiben **S. 140**; Gedicht variieren **S. 143**, **145** | Bild-Text-Kombinationen lesen **S. 136 / 137**; über den Textaufbau sprechen **S. 139**; fehlende Textelemente beim Lesen ersetzen **S. 140**, **143**, **145**; Text nach Muster verlängern **S. 144** |
| alle Fachbegriffe wiederholen **S. 146 / 147** | Rechtschreibstrategien wiederholen **S. 147**; mit dem PC schreiben **S. 149**; Texte überarbeiten, eigene Texte präsentieren **S. 150 / 151** | mit dem PC nach Informationen suchen (Suchmaschinen) **S. 148** |

## Textquellen

S. 16/17 Janisch, Heinz / Bansch, Helga: Ein Haus am Meer (gek.). Jungbrunnen-Verlag, Wien 2006

S. 30/31 Arold, Marliese / Schröder, Gerhard: Kleine Freundschaftsgeschichten zum Vorlesen (gek.). Ellermann Verlag GmbH 2002

S. 44/45 Funke, Cornelia: „Monsterwetter" (gek.). In: dies.: Cornelia Funke erzählt von Bücherfressern, Dachbodengespenstern und anderen Helden. Loewe Verlag, Bindlach 2007

S. 60/61 Krüss, James: „Marmelade, Schokolade" (gek.). In: ders.: Der wohltemperierte Leierkasten. Verlagsgruppe Bertelsmann GmbH / Jugendbuchverlag, Gütersloh 1961

S. 64/65 Dornröschen-Lied, Text und Melodie volkstümlich (leicht verändert)

S. 88/89 Schubert, Ulli / Koenig, Christina: „Das Turbo-Kickboard" (gek.). In: dies.: Lese-Piraten. Abenteuer Rallye. Loewe Verlag, Bindlach 2007

S. 104 Abbatiello, Antonella: Das Allerwichtigste – Самое важное (Auszug) (ISBN 978-3-938735-41-1). Edition bi:libri, München 2008

S. 105 Abbatiello, Antonella: Das Allerwichtigste – En Önemlisi ... (Auszug) (ISBN 978-3-938735-43-5). Edition bi:libri, München 2008

S. 129 Text nach einer Idee von Martin Geck / Martin Geck (Musik): „Das Lied vom Ball mit der schwarzen Zahl". In: Belke, Gerlind / Geck, Martin: Rumpelfax. Singen – Spielen – Üben im Grammatikunterricht. Cornelsen Verlag, Berlin 1996

S. 132/133 Text: Langen, Annette / Ill.: Droop, Constanza: Weltbeste Briefe von Felix (Auszug). Coppenrath Verlag GmbH & Co, Münster 2009

S. 136/137 Zuckowski, Rolf: Die Jahresuhr. © MUSIK FÜR DICH Rolf Zuckowski OHG (Sikorski Musikverlage), Hamburg

S. 138 Rosemarie Künzler-Behncke (Text) / Klaus W. Hoffmann (Musik): „Herbstzeit – Erntezeit" © Aktive Musik Verlagsgesellschaft mbH, Dortmund

S. 138 (Suchspiel) Text nach einer Idee von A. Berkemeier: „Das Suchlied". In: Belke, Gerlind / Geck, Martin: Rumpelfax. Singen – Spielen – Üben im Grammatikunterricht. Cornelsen Verlag, Berlin 1996

S. 139 Krüss, James: „Novemberwetter". In: ders.: Der wohltemperierte Leierkasten. Verlagsgruppe Bertelsmann GmbH / Jugendbuchverlag, Gütersloh 1961

S. 141 Koenen, Marlies: Die Tiere feiern Karneval (Originalbeitrag)

S. 142 Boge-Erli, Nortrud (Text, bearb.) / Musik Müller, Wenzel: „Kommt (k)ein Vogel geflogen". In: Kreusch-Jacob, Dorothée: Das Liedmobil. 77 Spiel-, Spaß-, Wach- und Traumlieder. dtv junior, München 1983 © bei der Urheberin

S. 143 Ferra-Mikura, Vera: „Regenschirme" (Originaltitel). In: dies.: Bunt gefleckt – getupft – gescheckt. Verlag Jungbrunnen, Wien 2008

S. 145 Wittkamp, Franz: „Du bist da und ich bin hier" (Auszug). In: Gelberg, Hans-Joachim (Hg.): Großer Ozean. Beltz & Gelberg, Weinheim und Basel 2000

## Bildquellen

S. 5, 6 Janisch, Heinz / Bansch, Helga: Ein Haus am Meer. © Jungbrunnen-Verlag, Wien

S. 23, 151 Erdbeere. © Cornelsen-Archiv

S. 92/93 Leon Pirat. © Beltz & Gelberg in der Verlagsgruppe Beltz, Weinheim & Basel; Sylvia Englert: Frag doch mal ... die Maus. Meere und Ozeane. © cbj Kinder- und Jugendbücher Verlag, München

S. 93–95, 100/101 Was ist was? Gladiatoren; Neden ve Nasil: Gladyatörler; Wale und Delfine. alle: © Tessloff Verlag, Nürnberg; Rudolf Herrfurtner: Der wasserdichte Willibald. © Deutscher Taschenbuch Verlag München; Christine Nöstlinger / Thomas M. Müller; Maar, Anne / Ballhaus, Verena: Hugo zieht um. © Tulipan Verlag GmbH, Berlin

S. 96 Reiterin. © Fotolia.com / cynoclub

S. 100/101 Willi wills wissen – Schiff ahoi! Hier Hafen Hamburg / Auf die Fähre, fertig, los! © Universal Music GmbH Berlin; Michael Ende: Jim Knopf und Lukas der Lokomotivführer machen einen Ausflug. © Thienemann Verlag, Stuttgart; Gelberg, Hans-Joachim (Hg.): Märchen aus aller Welt. © Beltz & Gelberg in der Verlagsgruppe Beltz, Weinheim & Basel; David McKee: Elmar. © Thienemann Verlag, Stuttgart; Helme Heine: Der Hase mit der roten Nase. © Beltz & Gelberg in der Verlagsgruppe Beltz, Weinheim & Basel; Märchen aus 1001 Nacht. Nacherzählt von Peter Klusen. © Arena Verlag, Würzburg; Nadia Malverti / Manuela Olten: Ein Schaf im Glück. © Tulipan Verlag, Berlin; „KÜCÜK BEYAZ AYI – nereye Gidiyorsum? / Kleiner Eisbär – Wohin fährst du?" geschrieben und illustriert von Hans de Beer, übersetzt von Kemal Kurt © 1994 für die türkisch/deutsche Ausgabe mit leicht gekürztem Text: NordSüd Verlag AG, CH-8005 Zürich/Schweiz; Mensch ärgere dich nicht. © Schmidt-Spiele, Berlin; Ubongo. © Franckh-Kosmos Verlags-GmbH & Co. KG, Stuttgart; Twister und Jenga © Hasbro GmbH, Dreieich

S. 100/101, 104 Abbatiello, Antonella: Das Allerwichtigste – Самое важное (ISBN 978-3-938735-41-1); dies.: Das Allerwichtigste – En Önemlisi ... (ISBN 978-3-938735-43-5) beide © Edition bi:libri, München

S. 119 Kanu © Peabody Essex Museum, Salem, Massachusetts, US. © The Bridgeman Art Library, Berlin; Galeere © wikipedia.com / Rama / Tvpm; Wikingerschiff © Paul Moore / Fotolia.de; Klipper: Ricky Blakeley © Dorling Kindersley, London;

S. 120 Fähre © mauritius images / Peter Lehner; Speedboot © mauritius images / Herbert Kehrer; Eisbrecher © picture alliance / YPS collection, Peter Neumann; U-Boot © mauritius images / Science Faction

S. 122 Geburtstag © mauritius images / Heidi Velten; Angst © Cusp / F1online; Willkommen © Simon Marcus / Corbis; Eiswaffel © Angelo Gilardelli / iStockphoto.com; Grimasse © Fellow / ib / F1online; Spielplatz © Siegfried Fries / pixelio.de

S. 123 Schlange © Eric Isselée / iStockphoto.com; traurig © Justin Paget / Corbis; im Bett © Jutta Klee / Corbis; Freunde © Bernd Vogel / Corbis; Fußball © Bonnie Jacobs / iStockphoto.com; Freibad © Scorpsnakes / Fotolia.de

S. 127, 130/131 © Alvaro Tomás Zúñiga Vargas, Quito (Ecuador)

S. 132 Text: Langen, Annette / Ill.: Droop, Constanza: Weltbeste Briefe von Felix. © 2003 Coppenrath Verlag, Münster

S. 133 Text: Langen, Annette / Ill.: Droop, Constanza: Briefe von Felix. © 1994 Coppenrath Verlag, Münster

S. 148 www.helles-koepfchen.de; wissenkarten.de, Medienwerkstatt Mühlacker Verlagsgesellschaft